AF453512

99 MOUTONS...

OU

LES RÉMOIS

NE SONT PAS SI BÊTES !

Comédie-Proverbe en un Acte, mêlée de Couplets,

PRÉCÉDÉE DE

NOUVELLES ET CONTES

RÉMOIS,

EN PROSE ET EN VERS,

par

P. DUBOIS.

Cet ouvrage, orné de vignettes, fleurons,
encadrements, etc., et composé (typographiquement)
PAR L'AUTEUR,
n'a été tiré qu'à 50 exemplaires.

25 EXEMPLAIRES SEULEMENT SONT EN VENTE.

REIMS,

A. HUET, IMPRIMEUR, RUE DE L'ARBALÈTE, 22;
BRISSART-BINET, LIBRAIRE, RUE DU CADRAN-SAINT-PIERRE, 4.

MDCCCLV.

In Paris beim Verfasser :

SOUS PRESSE.

Nouvelle Méthode pour apprendre à lire, à écrire et à parler une langue en six mois, appliquée *A L'ITALIEN*, suivie de *la Clef* ou *Corrigé des Thèmes de cette Méthode*, 2 vol. in-8°; par le Dr H.-G. OLLENDORFF.

Neue Methode, nebst Schlüssel, eine Sprache in sechs Monaten lesen, schreiben und sprechen zu lernen, fürs Italienische, zum Gebrauche der Deutschen bearbeitet, von Dr H. G. Ollendorff.

Dieselbe Methode, nebst Schlüssel, fürs Englische, zum Gebrauche der Deutschen bearbeitet, von Dr H. G. Ollendorff.

NOTA. — M. Ollendorff ne reconnaît que les ouvrages revêtus de sa signature.

AVIS. — *Les personnes voyageant en Allemagne, en Italie et en Suisse, doivent être prévenues que dans ces pays on répand toutes sortes de contrefaçons, mutilations et altérations, des ouvrages de M. Ollendorff, et qu'en acquérant ces éditions désavouées par l'auteur, elles s'exposent, à leur arrivée à la frontière de France ou en Angleterre, non-seulement à la perte de leurs acquisitions, mais encore à essuyer des désagréments sans nombre, tels que de payer l'amende comme fautrices de contrefaçons, de se voir arrêtées dans le cours de leur voyage, etc., etc.*

Paris. — Typogr. E. et V. PENAUD frères, 10, r. du Faubourg-Montmartre.

MDCCCLV

Imprimé à Reims

99 MOUTONS...

ou

LES RÉMOIS

NE SONT PAS SI BÊTES

Comédie-Proverbe en un Acte, mêlée de Couplets

PRÉCÉDÉE DE

NOUVELLES ET CONTES RÉMOIS

EN PROSE ET EN VERS

par

P. DUBOIS.

COMPOSÉ

PAR L'AUTEUR, CHEZ A. HUET

AVANT-PROPOS.

Ce petit livre est doublement l'œuvre de son auteur, puisque celui-ci a pris sur ses heures de repos pour le composer lui-même, c'est-à-dire qu'il en a assemblé une à une toutes les lettres, pour en former successivement les mots, les lignes et les pages. De plus, il a voulu déployer pour ce livre tout le luxe que lui permettaient les ressources matérielles d'une imprimerie de province.

Un fait semblable s'est rarement présenté. On ne cite guère que Balzac qui ait eu le courage, pour tirer son nom de l'oubli, de *composer* les chefs-d'œuvre que nous avons admirés depuis et qui seront lus éternellement.

Pour Reims, c'est un fait unique.

Sans aspirer à un parallèle avec le moins important des volumes de la *Comédie humaine*, cet ouvrage se recommande donc à la fois aux amateurs de raretés, aux littérateurs, et aux Rémois qui ne voudront pas faire revivre, au détriment d'un compatriote qui a combattu un proverbe qui les offense, ce proverbe plus désolant encore :

NUL N'EST PROPHÈTE EN SON PAYS!!!

Neue Methode, eine Sprache in sechs Monaten lesen, schreiben und sprechen zu lernen, fürs Französische zum Gebrauche der Deutschen bearbeitet, von Dr H. G. Ollend...

Lors de son apparition dans le seul journal littéraire publié à Reims, cette nouvelle a valu à l'auteur quelques avertissements de la part de personnes dont la religiosité s'alarme trop facilement. Comme il est certain que, seule, la vue trouble de ces officieux leur a fait voir un monstre là où il n'y a rien d'offensant pour la religion et les mœurs, il passe outre et publie de nouveau son œuvre telle qu'il l'a conçue.

LE
NOVICE DE S^T-THIERRY.

CHAPITRE Ier.

Des serments que firent de s'aimer à jamais le beau Jehan, l'enlumineur de missels, et Paquette, la jolie brodeuse.

AQUETTE montait au moulin de son père. Ce moulin était assis sur un tertre peu éloigné du village de Saint-Thierry.

Du haut de cet édifice de bois, l'œil plongeait dans la campagne et se récréait à la vue de sites fort agréables. Quoique resserré par la ceinture de montagnes qui l'encadrait, le paysage était riche d'aspects variés, et chaudement coloré de ces nuances qui semblent donner une nouvelle vie au feuillage des bois, à l'herbe du chemin, à cette époque de l'année où toute la nature fait de grands pas vers la décrépitude.

C'était l'automne.

Sur le flanc des coteaux rougissaient les feuilles des hautes vignes, qui laissaient apercevoir des grappes noires pleines de promesses; sur leur sommet s'épanouissaient quelques bouquets d'arbres d'où s'échappaient, ici le clocher d'un ermitage, là les maisons d'un village, resserrées autour du manoir seigneurial, comme les brebis autour du pasteur.

Mais, du côté de la ville de Reims, la vue se heurtait contre les murs de la célèbre abbaye du Mont-d'Hor.

De nos jours encore, le château des archevêques, qui a en partie échappé aux ravages de la révolution, étend ses murailles sur toute la longueur de Saint-Thierry, de sorte que nul être, dans le pays, ne peut rien apercevoir autre que ce domaine, qui lui rappelle une époque d'asservissement. Il semble que, par une espèce de raffinement barbare, l'architecte de ce château ait eu la pensée d'empêcher les villageois de comparer leurs rustiques demeures avec les somptueux monuments de la ville; peut-être même l'archevêque craignait-il que les idées qui faisaient agir les Rémois ne vinssent à franchir leurs remparts pour surexciter ceux chez lesquels il venait souvent chercher un asile.

Mais qu'importe aujourd'hui !

Paquette montait donc à son moulin, et regardait de tous côtés dans la campagne.

Puis elle descendait.

Bientôt elle remontait et semblait, à nouveau, épier l'arrivée d'un être quelconque.

C'est qu'elle était jolie fille, Paquette ! Elle était preste, accorte et tout-à-fait mignonnette. Son visage, ovale correct ; les roses de ses lèvres et de ses joues qui se baignaient dans la blancheur d'une peau transparente ; l'attendrissement velouté de son regard, tout cela en faisait un modèle accompli. Aussi, bien des gros chanoines, des sémillants abbés, des moines mi-farouches, qui l'avaient connue à Reims, étaient-ils heureux de trouver un prétexte pour rendre visite au prieur du Mont-d'Hor, car, du même coup, ils pouvaient dévotement se promener dans les parages où respirait la jeune fille, et, souvent, la rencontrer.

Mais Paquette était sage ; aussi, dans les environs, à Merfy, Pouillon, Thil, voire même à Trigny, où la jalousie basse et méchante n'allait pas encore harponner les cœurs féminins, vantait-on sa beauté, ses talents, sa grâce et sa sagesse. Bien que fille de meunier, du père Nicholas Guiart, bon et digne homme qui ne savait que ce qu'il faut pour être heureux, Paquette ne touchait guère aux sacs de farine, même pour en reprendre les solutions de continuité. Cependant, la teinte noire que laissait apercevoir l'extrémité de l'index de sa main gauche, témoignait qu'elle maniait l'aiguille.

Oui, certes, et avec dextérité. Elle blanchissait les surplis, brodait de belles aubes et des nappes d'autel dont les dessins étaient si menus, si délicats, qu'on les eût pris pour ces fils de la vierge qui se mêlent et s'enlacent aux hautes herbes des prairies à l'époque de l'année où se passe notre légende.

L'abbaye se donnait de garde de la laisser chômer. Un si grand talent ! l'élève de maistre Leroux, le célèbre brodeur, qui avait domicile et étalage à Reims, rue du Tambour près de l'hôtel des comtes de Champagne.

Ce jourd'hui, pourtant, Paquette a quelque peu chômé. Quelque bien grave sujet la préoccupait. Des pensées d'amour, sans doute? Mais oui! A cet âge (notre héroïne venait d'atteindre sa dix-huitième année), qui pourrait occuper l'esprit d'une jeune fille, si ce n'est l'amour?

Tout-à-coup, venant par un chemin sablonneux, apparaît un jeune homme au costume sombre et qui, de son côté, semble plongé dans une profonde méditation. Deux êtres qui pensent au même instant, à si peu de distance, doivent avoir une même pensée : première preuve de sympathie mutuelle.

Affirmons : ils s'aiment.

Le jeune homme porte une brassée de fleurs qu'il a moissonnées dans l'espace d'une journée, car, parti avant l'aube, il ne rentre qu'à l'heure où la cloche de l'abbaye va sonner la prière du soir.

Il se nomme Jehan. Pas d'autre nom.

C'est un rêveur; il n'a jamais accouplé de rimes, et pourtant c'est un grand poète. Epris de toutes les belles choses que le bon Dieu a éparpillées sur sa route, il chante, dans son cœur, un hymne d'éternelle reconnaissance.

Oui, il a donné tout un jour à sa promenade, mais il s'est arrêté près d'une haie où rougissaient les baies de l'aubépine, que venaient becqueter les oiseaux affriolés; il a suivi lentement la verte lisière d'un bois où ruisselait l'épis d'or de l'aigremoine près de l'étoile vineuse de l'œillet ; puis il a parcouru les champs, la montagne, cueillant, étudiant, admirant ; et, couché sur une herbe luxuriante, à l'ombre des chênes touffus, il a assorti ses fleurs, en a façonné des bouquets qui, flétris demain, refleuriront bientôt dans tout leur éclat sur un velin vierge encore.

Les teintes purpurines du soleil descendant derrière la montagne illuminaient le visage de Paquette, qui attendait en haut de l'escalier du moulin. Jehan l'aperçut, et son front nu, entouré d'une couronne de cheveux noirs, malgré un penser d'amour qui frémit sous sa tempe, sembla se rembrunir tout-à-coup.

Il pressa le pas.

De son côté, Paquette ne mit pas grand temps à descendre. Aussi, le père Guiart, qui, tout en cherchant d'où venait le vent, voyait, par l'œil-de-bœuf de son moulin, sa fille chérie sautiller au-devant de celui que maintenant elle aimait plus que son père, laissa entendre un bon gros rire.

C'est qu'il était bien fier, le père Guiart, de recevoir chez lui un savant comme Jehan, et il se promettait de bien grandes joies pour le jour des fiançailles, car il était impossible que le prieur du Mont-d'Hor, bien connu par son bon cœur, ne consentît point à l'union des deux jeunes gens.

Les deux amans furent bientôt assis l'un près de l'autre, sur un arbre couché le long de la route, au pied d'une croix de fer, comme on en rencontre encore dans certaines campagnes. Vous savez : autour de l'Homme-Dieu sont placés tous les instruments qui ont rendu sa mort plus douloureuse.

— Paquette, disait Jehan, je vous aime !

C'est toujours le même langage, accompagné de plus ou moins de sincérité.

Passons. Nous ne faisons ici que l'histoire de deux cœurs candides et franchement épris.

— Je vous aime.... mais je crains.....

— Pourquoi ?

— L'archevêque de Reims, qui est arrivé à l'abbaye, en voyant votre portrait.....

— Comment! mon portrait.....

— Oui, cette image que j'ai là sur mon cœur..... Jehan, m'a-t-il dit tout d'abord : vous aimez cette femme, et cette femme vous fera oublier vos devoirs... Puis, vous n'aimerez plus Dieu.....

— Répondez-moi, Jehan, ce portrait dont vous parlez, comment êtes-vous parvenu?...

— Enfant! est-ce que le cœur n'y voit pas comme les yeux? ou plutôt n'est-il point le miroir d'acier où se réflètent les traits que l'on admire?

Et Paquette saisit sur sa poitrine un médaillon sur lequel souriait une vierge ravissante, entourée de jasmins et de lys.

— Oh! que c'est beau! mais cette femme, c'est la bonne Notre-Dame.....

— C'est ma vierge à moi, la beauté qui rayonne dans mes rêves et que j'adore; c'est toi, ange de pureté, toi, que j'aime et que j'aimerai toujours. Nulle volonté humaine, crois-le bien, Paquette, ne pourra mettre obstacle à mes projets. Si cet homme qui se présente tout-à-coup comme mon mauvais génie; si ce prêtre, dont le cœur est sourd aux sentiments de ce monde, si ce n'est à l'ambition, veut, pour m'enlever ton amour, user de sa force, eh bien! je lutterai contre sa force.

Tout ceci fut dit avec une volubilité fiévreuse.

— Paquette, s'il fallait partir, me suivrais-tu?

— Ah! vous le savez bien! vous êtes mon seigneur et mon maître... Songez-y, cependant, sans armes, sans fortune...

— Je n'ai point de fortune vraiment; mais je t'aime, Paquette, et l'amour donne la volonté, et la volonté, c'est la force qui peut tout. Nous irons à Laon. Sur notre route, nous trouverons quelques bons ermites, plus d'une abbaye où, en paiement de l'hospitalité qu'on nous donnera, je laisserai une de ces peintures qui, je puis te le dire, à toi, feront un jour ma gloire. Il veut m'emprisonner, cet homme! me faire prêtre! m'attacher à lui! Et mon amour! et ma gloire! Pourquoi m'a-t-il laissé voir ce que je vaux!

— Oui! Jehan! vous êtes grand, vous êtes noble! vous êtes savant! vous aimez la fille des champs! Moi, j'aime mon père, Dieu! mais pour vous, j'éprouve un sentiment dont je n'ai jamais entendu prononcer le nom sur la terre.

De ses deux petites mains elle écarta les cheveux qui retombaient sur le front du bien-aimé, et elle le lui baisa.

— Je t'aime, Jehan, parce que Dieu me dit, lorsque je le prie pour toi, que toutes tes pensées sont pures, et qu'unir ma destinée à la tienne, c'est faire une chose sainte, puisque je remplacerai le père, la mère, les frères et les sœurs dont tu n'as pas connu l'affection. Et puis, je suis jalouse de cet homme qui veut ensevelir ta gloire sous la bure du moine; je veux qu'un des rayons qui environneront ta tête rejaillisse sur la mienne; je veux porter ton nom, parce qu'il sera grand un jour. Mon père approuve notre amour... Il nous rejoindra.

Une pensée subite vint faire affluer le sang au cœur de la pauvre Paquette.

— J'exige trop, sans doute, Jehan. Au sein des villes où t'attire ton génie, où t'attend la renommée, des hommages flatteurs résonneront à ton oreille; maint sourire séducteur accueillera tes peintures... N'est-ce pas que jamais l'abandon... l'oubli... le dédain ? Oh ! le dédain surtout !

— Paquette, devant l'image du Christ qui a tant souffert, je jure d'employer tous les instants de ma vie à éloigner de ton cœur chagrins et souffrances.

— Moi, Jehan, devant ce Dieu qui meurt avec une pensée d'amour sur les lèvres, je jure de t'aimer sans cesse, de toute la force de mon âme, jusqu'à mon dernier soupir.

Du haut de sa croix, que la nuit couvrait déjà de son ombre, Christ reçut leurs serments.

Un dernier baiser.

Paquette franchit le seuil de sa chaumière.

Un instant après, les hommes d'armes de l'archevêque ouvraient passage à Jehan, qui rentrait à l'abbaye.

CHAPITRE II.

Archevêque et novice, vassal et suzerain.

L'ABSENCE de Jehan avait été remarquée à l'abbaye. Au souper, l'archevêque s'était informé de lui, et il attendait, dans son oratoire, qu'on vînt le prévenir de la rentrée du novice qui semblait si peu se soucier des coutumes monastiques.

Mais nous devons instruire nos lecteurs de certains évènements accomplis avant le temps où commence notre histoire.

Dans ces jours de lutte entre la puissance archiépiscopale et la bourgeoisie rémoise, des conflits, qui souvent dégénéraient en véritables combats, ensanglantaient les rues de Reims.

Un jour, les soldats pourchassaient les bourgeois ameutés qui, sans autres armes que des pierres et des bâtons, ne pouvaient guère lutter avec des troupes mal disciplinées, il est vrai, mais qui portaient casques et cuirasses, et ne risquaient pas grand'chose en jouant leur vie. La cavalerie chargeait le peuple qui s'était retranché dans les petites rues avoisinant la cathédrale. Une femme vint à tomber. Les chevaux passèrent sur elle et le jeune enfant qu'elle serrait dans ses bras. Mais assaillants et assaillis n'y prirent point garde.

Le lendemain, un vénérable abbé, qui était accouru au point du jour pour donner des secours aux mourants et ensevelir les morts, entendit les vagissements d'un enfant. L'arracher des bras qui l'enlaçaient contre un cadavre fut l'affaire d'un instant, et, chargé de son précieux fardeau, le digne homme rentra dans son couvent, où il lui fit donner les soins nécessaires.

Ce fut là le seul père que Jehan connut. Les années se succédèrent. L'enfant devint grand, tandis que son bienfaiteur avançait à grands pas vers la tombe. Celui-ci ne crut rien faire de mieux, avant de remonter vers Dieu, que de confier son fils d'adoption au saint et savant prieur du Mont-d'Hor, pour qui il avait une profonde estime.

C'est dans ce monastère que Jehan, devenu homme, puisa ses goûts pour la peinture, à la vue des beautés que la nature avait semées autour de lui, et surtout en contemplant de précieux manuscrits, œuvre d'un cénobite modeste qui n'avait songé qu'à faire acte de piété.

Jehan prit l'habit de novice.

Le prieur, qui avait su apprécier la bonté de son âme et son mérite, ne songeait guère à contrarier ses goûts, et lui laissait toute liberté, car il se disait que cette liberté tournerait à la plus grande gloire de son église.

C'est en traversant le village, dans ses promenades dans la campagne, que Jehan rencontra fréquemment Paquette. Tous deux avaient fait de beaux rêves, tracé des plans merveilleux, qu'un seul homme croyait devoir et pouvoir anéantir.

Cet homme, c'était l'archevêque. A la fois politique astucieux, prélat rigide et, au besoin, soldat plein de fougue, la moindre résistance à ses volontés excitait sa colère, et amenait des châtiments d'une sévérité qui, trop souvent, ressemblait à de la vengeance. C'est que l'étendue de ses prérogatives était immense, et l'ambition est une soif ardente qui s'accroît au fur et à mesure que l'on boit à la coupe des honneurs et des richesses. Le pape lui avait reconnu le droit de juridiction spirituelle et temporelle sur un grand nombre d'abbayes dans la ville et hors la ville; il lui avait accordé le domaine sur Reims et ses dépendances, Vitry, Vertus, Rethel, Châtillon, Epernay, Roucy, Fismes, Braisne, Château-Porcien et plusieurs châtellenies dont les comtes de Champagne, qui les possédaient, devaient lui faire hommage; enfin, maintes terres et maintes seigneuries étaient attachées à son archevêché.

Un tel homme, devant lequel se courbaient princes, comtes et barons, que redoutait le roi, ne devait guère s'inquiéter de la résistance d'un novice : un orphelin, moins que rien !

Depuis deux jours qu'il honorait de sa visite sa bonne abbaye du Mont-d'Hor, la grande salle de celle-ci était convertie en corps-de-garde, où jouaient, pestaient et juraient peu catholiquement les soldats détachés du château de Porte-Mars pour servir d'escorte à leur maître.

L'archevêque avait donc vu Jehan, l'avait complimenté, puis lui avait fait entendre qu'il aurait à le suivre à Reims.

Passons dans la cellule de notre artiste. Accoudé sur la fenêtre, il voyait au loin s'allumer les feux de la grande cité ; il rêvait, ou plutôt il souffrait.

Jusqu'ici, il s'était trouvé bien heureux dans cet asile. Au dehors, un spectacle imposant venait raviver en lui l'amour du travail. Comme l'aigle qui plane dans l'immensité, il embrassait d'un regard la cité, avec ses murailles, ses tours à créneaux, ses hauts clochers et ses somptueuses églises ; la montagne de Berru, verte au sommet et blanche à la base ; Saint-Lié et son modeste ermitage couronnant un monticule sillonné de veines jaunâtres, serpents se déroulant à travers les ceps de vignes ; et, au milieu, la basilique qui, d'après Flodoard, était fort grande, superbement décorée de marbres, de dorures et de plusieurs chefs-d'œuvre d'orfèvrerie, mais qui ressemblait plutôt à une forteresse qu'à une église, car elle était flanquée de tours et de tourelles.

L'église valait le prêtre.

Au-dedans, tout lui souriait, lui rappelait des instants d'un bonheur paisible : la natte sur laquelle il reposait était entourée de fleurs ; sur son prie-Dieu gisait ce livre d'heures qu'il avait couvert de peintures accomplies, œuvre qu'il voulait léguer au prieur, en reconnaissance des bons soins qu'il en avait reçus.

Mais comme la nuit a changé tout cela ! ou plutôt,

comme la douleur a terni vite le prisme qui répercutait les douces lueurs de l'espérance !

L'usurpateur s'approchait : il voulait confisquer chefs-d'œuvre et gloire, enlever au génie sa liberté, c'est-à-dire écraser l'aiglon dans son œuf.

Il entre au moment où Jehan murmure le mot jamais, en portant à ses lèvres l'image adorée.

Il se promène de long en large, cherchant à maîtriser les paroles acerbes qui affluent du cœur à la bouche.

Une seule lampe éclaire le visage de ces deux hommes, comme déjà un même sentiment d'antipathie embrase leurs deux âmes.

— Encore ce portrait, Jehan ! Cette femme vous perdra ! heureusement, à Reims, l'oubli.....

— Maître, pardonnez-moi ma sincérité. J'ai cru comprendre que vous vouliez m'emmener.

— Oui, je vous attache à ma personne. Un jour, et ce jour n'est pas éloigné, les dignités, les honneurs viendront au-devant de votre mérite.

— Encore une fois pardon ! je ne suis plus libre de vous suivre.

— Songez à ce que je vous offre ici, Jehan. Votre bonheur, la protection que je daigne vous accorder vous font un devoir de ne point mépriser mes conseils. Près de moi, dans mon palais, ou bien encore à la cour, où je vous emmenerai, les comtes, les princes, le roi de France lui-même, vous commanderont des travaux plus importants qui vous couvriront de gloire, porteront votre nom dans les provinces étrangères, et le perpétueront.

Jehan s'inclina respectueusement.

— Laissez-moi, mon seigneur et maître, toute mon indépendance. Ne vous inquiétez plus de votre humble vassal ; et si, un jour, son génie, dont vous exagérez certainement la valeur, lui conquiert quelques suffrages, il dotera votre église de ses plus belles conceptions.

La modération n'était point la vertu dominante du prélat ; outre cela, il n'était guère habitué à la résistance ; cependant, il se contraignit assez pour pouvoir continuer, d'un ton béatement bienveillant :

— Dieu est grand, Jehan ; quelques jours lui suffiront pour vous éclairer, et vous ramener dans la voie que vous devez suivre, si vous ne voulez tomber dans de profonds abîmes. Pour cela, il suffit d'un peu de bon vouloir et d'obéissance. Imitez ces hommes pieux qui vous entourent, et qui, eux aussi, ont souventes fois lutté avec les passions humaines. Ont-ils moins de science, parce qu'ils ont revêtu les insignes du vrai Dieu ? Notre saint prieur a eu le tort grave de relâcher la discipline à votre égard : aussi, je ne puis tolérer plus longtemps un pareil abus. Vous prendrez donc l'habit au plus tôt. Quant à cette fille, qui a usé des charmes dont l'a funestement douée le démon pour vous entraîner à la perte de votre âme, nous aviserons dès demain.

— Est-ce que cet amour, dont vous nous faites un crime, ce n'est pas Dieu lui-même qui l'a fait naître ? Quoi de plus beau que de chérir la femme que votre cœur a choisie, de vivre avec elle, de bénir avec elle celui qui vous a faits si heureux ! Le coupable n'est point celui qui s'unit à la femme qu'il aime ; mais criminel est l'homme qui, au mépris des serments, abandonne celle qui a reçu sa foi. Je ne serai point cet homme, je le jure.

— Impie ! blasphémateur, exclama l'archevêque, qui ne put réprimer davantage l'impétueuse colère qui grondait en lui. Est-ce qu'il n'y a pas ici quelque basse-fosse pour y jeter cet homme, qui méconnaît tout sentiment

de reconnaissance envers ceux qui l'ont élevé et nourri ;
qui abjure les saintes croyances de l'Eglise, qui a profané
les autels au pied desquels il est venu chercher un asile?

— Gràce! s'écria Jehan, en se jetant aux pieds du
prêtre! Pitié, sinon pour moi, au moins pour cette
jeune fille qui est innocente!

— Maudit sois-tu à jamais! Puisse Dieu vous poursuivre tous deux de sa vengeance exterminatrice!

Les moines, le prieur en tête, étaient accourus.

— Mon père!

Et Jehan se jeta dans les bras du bon prieur; mais
celui-ci le repoussa, le cœur saignant, les larmes aux
yeux, au moment où, tremblant de fureur, le prélat
appelait ses gardes par la fenêtre.

— Anathème sur le possédé du démon! anathème sur
ceux qui songeraient à le soustraire à ma juste colère!
Gardes, emmenez-le!

— Mon Dieu! cet homme qui se dit votre représen-
tant, nous abandonne ici-bas : sauvez-nous, mon Dieu!

Ainsi murmura Jehan, pendant que les gardes l'en-
traînaient.

CHAPITRE III.

Où le bon vin de Saint-Thierry joue un grand rôle.

EHAN était seul, plongé dans un étroit souterrain où il ne se glissait qu'un mince rayon de lumière. Encore ne pouvait-il voir dans cette lueur qu'un avertissement cruel ; car, filtrée par le trou d'une épaisse serrure, elle lui rappelait sa captivité. De plus, il entendait les pas appesantis d'une sentinelle qui veillait à la porte.

Le novice n'avait guère pris garde où on le descendait. Comme l'amour ne marche point sans l'espérance, il s'était laissé entraîner d'abord par le souvenir de Paquette, et avant de songer à sa triste position, il combinait des plans pour sauver celle qu'il chérissait.

C'était étrange, mais il en est souvent ainsi : combien de fois notre pensée ne crée-t-elle pas des projets merveilleux, impossibles, alors que le bras qui doit les exécuter est retenu par mille entraves !

Bientôt il tomba dans une espèce de léthargie et glissa sur la terre humide. Il rêvait. Il se voyait près d'une maisonnette éloignée du monde, dans une fraîche oasis entourée de grands arbres. Paquette était assise à côté de lui, sur un tertre de verdure. Elle tressait des fils d'un pur lin avec des fils d'or et d'argent ; lui, abandonnait ses pinceaux pour l'admirer et l'entendre, car elle chantait un beau noël, un peu mélancolique peut-être, mais qui, par cela même, parlait plus au cœur. De temps à autre, une tête bien connue venait s'interposer entre eux : c'était celle du vieux Guiart qui revenait des provisions ; puis, apparaissait un bon prêtre qui n'apportait guère d'argent, mais à qui Jehan offrait cependant un bel enfant Jésus couronné de fleurs, destiné à récompenser le plus sage de ses jeunes paroissiens. Tout-à-coup, ce visage plein d'aménité s'évanouissait, et, à sa place, un homme à la figure méchante, avec un odieux sourire sur les lèvres : A moi l'œuvre et à moi l'artiste ! rugissait-il. Par un mouvement instinctif, Jehan cherchait une arme ; il tirait de son aumônière ce couteau qui avait abattu tant de branches inoffensives, tant de chastes fleurs. Alors il se réveilla.

— Songe bien commencé finit toujours mal ! pensa Jehan avec une amertume poignante.

Non, se dit-il presque aussitôt : ce songe est une inspiration du ciel ; cette arme que j'avais oubliée est la clef qui me rendra libre. De ce côté l'on veille, mais de toute autre part... on n'entend rien ; nul être, sans doute. Oh ! puissé-je fuir loin de ce château maudit, sans blesser personne, le cœur et les mains purs de toute souillure criminelle ! Fuir avant que le despote ne t'ait enlacée dans ses machinations, ô Paquette !... fuir avec toi !...

Le jeune homme était déjà à l'œuvre ; il descella une pierre, la première, mais la plus difficile, celle qui demandait le plus de temps ; bientôt une autre, puis une autre. Enfin, il passa le bras à travers l'ouverture ; la lumière venait frapper son mâle visage. Quelle joie alors ! nulle oreille ne semblait l'avoir entendu. Comme une couleuvre, il rampa, et se trouva .....

Où ? Devinez. Dans une cave qu'il reconnut bientôt, car plusieurs torches fumeuses brûlaient encore contre ses noires murailles. C'est que, pour le souper de monseigneur, le cellerier avait dû rendre visite à ces vieux tonneaux. Jehan ne put arrêter le sourire qui vint s'épanouir sur ses lèvres. Ils étaient là un bataillon complet, rangés avec précision. Au milieu du carré formé par ces lourds satellites, trônait un fût gigantesque. Le général, par Dieu ! Ses flancs contenaient une immense quantité de ce vin généreux plus renommé alors qu'aujourd'hui (quelle grandeur humaine ne s'éclipse pas à la longue !) dont le père cellerier ne cédait qu'à grand'peine à l'archevêque la part qui lui était due. Ce vin faisait l'objet de son orgueil ; il entourait de tout son amour, de ses soins les plus assidus, les vignes qui le produisaient, et qui, plantées sur le coteau au sommet duquel le château est assis, ne perdaient point un seul rayon du soleil, depuis son lever jusqu'à sa disparition dans les bandes empourprées de l'occident.

La porte de la cave était toute grande ouverte. En un instant, la sombre spirale qui y descendait fut franchie.

Jehan se trouvait dans la première cour. Il n'avait plus qu'un pas à faire ; mais il avisa bientôt une vieille moustache surmontée d'un nez aquilin fortement coloré, dignes apanages d'une épaisse figure plantée sur un corps herculéen.

Cet homme, que rendait plus redoutable encore la longue hallebarde dont il était armé, se promenait en contemplant les étoiles de son œil fauve. Heureusement pour le novice, celui-là ne le connaissait point, car il ne faisait point partie de ceux qui avaient procédé à son arrestation. Il l'appela d'un signe, et cette masse bardée de fer vint assez près de lui pour qu'il pût lui susurrer un mot à l'oreille, et lui montrer par la porte entr'ouverte la superbe collection, que le soudard eut hâte de visiter. Un instant il avança la tête pour mieux voir, et lorsqu'il se retourna, Jehan avait disparu.

Le mot d'ordre confié tout bas à l'homme à la rouge trogne ne resta pas longtemps secret. Il vola bientôt de bouche en bouche parmi les satellites réunis dans la salle qui leur servait de corps-de-garde. La nuit était sans lune ; dans l'abbaye, chaque frère dormait en attendant l'heure des matines. On eût pu voir alors plusieurs ombres glisser silencieusement l'une derrière l'autre jusqu'à la porte qui enfermait tant de trésors.

Si bien que lorsque la cloche, à minuit, appela les frères à matines, tous furent surpris, en s'éveillant, d'entendre un vacarme diabolique auquel semblait présider Belzébuth lui-même. Ils accoururent en toute hâte à l'endroit d'où partaient des cris, des jurons et d'énormes hoquets. Le prieur s'approcha vite, en se signant, et recula encore plus vite en voyant l'orgie la plus épouvantable.

Tous les hommes d'armes, sans en excepter un, avaient un rôle dans ce drame bachique; le sol ne formait plus qu'un étang rougeâtre où grésillaient en s'éteignant les torches de résine, et au-dessus duquel semblaient nager des cadavres rendus livides par l'ivresse. Ceux-ci, avec d'horribles contorsions, s'accrochaient aux degrés de pierre pour sortir de cette atmosphère impure, où ils étouffaient; ceux-là, à cheval sur des futailles, semblaient aux moines ces damnés qui enfourchent les gouttières des églises gothiques. Dominant cette scène, roi de l'orgie, monté sur le roi des fûts, qui avait été éventré et d'où jaillissait encore une fontaine purpurine, l'homme à la longue moustache chantait la ronde de la belle Thomassine; ronde faite je ne sais par quel poète de bas lieu en l'honneur de la cabaretière du Marché-aux-Draps, à Reims, chez laquelle se donnaient rendez-vous soldats, soudarts, francs-routiers, manants et truands. Nous la reproduisons comme spécimen du genre.

THOMASSINE.

Braves soudards et lansquenets,
Rimeurs de lais, moines replets,
Sus! accourez chez Thomassine :
Son vin réchauffe la poitrine
Et son œil agaçant fascine
Quand elle emplit les gobelets.

Foin de la guerre!
Plus d'oremus!
Chante, trouvère,
Brennus,
Bacchus!

Pourquoi battre les monts, les bois?
Pour qu'un paysan aux abois,
Dont la fille vous cherche noise,
Vous serve une affreuse cervoise!
Tandis que notre Hébé rémoise
Vous embrasse et verse à la fois!

Foin de la guerre!
Plus d'oremus!
Chante, trouvère,
Brennus,
Bacchus!

Viser au Pinde, triste lot!
L'hippocrène n'est que de l'eau
Qui ne pousse guère à l'extase.
Du Verzy la blonde topaze
A mon front porte mainte phrase:
Bacchus sera mon Apollo.

Foin de la guerre!
Plus d'oremus!
Chante, trouvère,
Brennus,
Bacchus!

Sur ma foi, j'ai bien médité;
Pour comprendre, j'ai consulté
Bible, missel et bréviaire.

J'ai vu... que je n'y voyais guère.
Thomassine aujourd'hui m'éclaire :
In vino gît la vérité.

        Foin de la guerre!
        Plus d'oremus!
        Chante, trouvère,
            Brennus,
            Bacchus!!!

A la fin de chaque couplet, hurlé, c'est le mot, par une voix hideusement stridente, le refrain était repris par tous ceux que l'ivresse n'avait pas totalement abattus, et qui s'accompagnaient en heurtant avec frénésie contre les tonneaux les anses des cruches qu'ils avaient brisées.

Les cénobites ne trouvèrent rien de mieux à faire que de se sauver à la chapelle, implorer la protection du Seigneur ; tandis que l'archevêque, dont on ne troublait pas impunément le sommeil, revêtu de sa cotte de mailles, pénétrait dans le caveau, et renversait du haut de son trône grotesque le chef de cette bande indisciplinée. Quelques murmures se firent entendre, mais la crainte des tortures que l'on endurait dans les souterrains du château de Porte-Mars, par-dessus tout l'excommunication dont ils étaient menacés, les firent rentrer dans le silence.

Le prélat devina facilement l'origine de tout ceci ; il ne s'informa même pas si Jehan était encore captif, certain qu'il avait mis les moments à profit. Furieux, il poussa une exclamation qui retentit bien certainement ailleurs que dans le ciel.

Menace stérile! quel service pouvaient lui rendre ses gardes abruties? Seul, il lui fallait remettre sa vengeance au lendemain.

Et le lendemain, sa proie lui aurait sans doute échappé.

CHAPITRE IV.

NE fois hors du cloître, Jehan traversa en deux secondes l'espace qui le séparait de sa fiancée. Grande fut la stupéfaction du père Guiart et de Paquette, en reconnaissant la voix de l'homme qui frappait à leur porte à cette heure avancée de la nuit. Ils furent bientôt instruits de ce qui s'était passé et du danger qu'ils couraient.

Un cheval fut amené ; le bon meunier versa dans l'escarcelle de Jehan le peu d'argent qu'il possédait, posa ses lèvres sur le front de sa chère enfant, et l'aida à se mettre en selle. Jehan monta à son tour, enlaça de ses bras sa fiancée frémissante d'effroi, et ils partirent, sans, toutefois, oublier de se signer en passant devant la croix de fer.

Il fallait les voir tous deux serrés étroitement, les cheveux flottant au vent, franchir les routes, les champs et les bois avec la rapidité de l'éclair.

Leur coursier, le mors blanc d'écume, la crinière et le poitrail ruisselants de sueur, courait, volait et galopait encore ; mais, à la fin, il tomba harassé de fatigue.

Nos voyageurs lui donnèrent une larme ; puis l'abattement s'empara d'eux. La Providence ne pouvait pourtant pas les abandonner. En s'orientant, ils aperçurent une maisonnette cachée comme un nid sous un luxuriant feuillage.

Un brave ermite vint à leur rencontre et leur offrit, sous son toit hospitalier, du laitage et quelques fruits qu'il venait de cueillir.

Enfin, s'appuyant l'un sur l'autre, ils se remirent en route, et cheminèrent ainsi jusqu'à ce qu'ils eussent atteint le but que Jehan s'était proposé.

. . . .

Quelques jours s'étaient écoulés depuis le commencement de cette histoire. Les deux amants se trouvaient réunis sous les voûtes sombres de la cathédrale de Laon. Un archevêque les avait maudits, un évêque allait bénir leur union. De vieilles querelles qui s'étaient élevées entre les deux prélats n'étaient pas encore éteintes, et l'évêque de Laon était fier de rentrer dans la lice en vainqueur, et d'arracher au courroux de son ennemi la vie d'un homme qui pouvait faire rejaillir sur son nom quelques rayons de gloire.

CHAPITRE V.

Hélas!

MAINTENANT, les évènements s'accumulent sous notre plume.

Les deux époux vivaient heureux à Laon, où leur protecteur venait souvent leur rendre visite, car il suivait avec joie les progrès croissants que faisait le génie de l'enlumineur de missels ; mais la mort vint le ravir à leur affection. Quelque temps après, une épidémie emporta à son tour la belle et douce Paquette.

C'est alors qu'éperdu, n'ayant plus d'espoir qu'en Dieu, et voulant finir ses jours dans sa patrie, où il n'avait plus à craindre la violence d'un maître inexorable, Jehan revint à Reims et se retira dans un monastère.

On doit lui attribuer quelques-unes de ces belles peintures qui enrichissent les livres d'église épars dans maintes bibliothèques.

Il nous est arrivé à nous-même de rencontrer, dans un missel, une vierge ravissante montant dans les cieux, où les anges lui tendent les bras en chantant des cantiques. Ce gracieux visage nous a frappé, et, malgré nous, une pensée profane nous est venue : nous avons cru voir l'héroïne de l'histoire que nous venons de raconter.

Quant à Jehan, on ignore le monastère où il est mort, mais il vit dans ses œuvres, où chacun l'admire sans pourtant le connaître.

FAUVETTE
ET JEUNE FILLE.

A Madame L.....,

Qui fut l'amie d'enfance de la pauvre Lise, et qui habite
encore le quartier Saint-Remi.

FAUVETTE

ET

JEUNE FILLE.

I.

VOULEZ-VOUS que je vous conte une histoire ?.....
Oh ! elle sera courte, et, de plus, elle a le mérite
de pouvoir revendiquer sa place dans les annales ré-
moises, car j'ai connu les personnages qu'à mon tour
je désire aujourd'hui vous faire connaître.

Le croiriez-vous? C'est en voyant jouer sur notre
théâtre la *Revue de Reims*, 1853, cette implantation en
notre cité d'une gaité dont on ne nous croyait pas dignes ;
cette œuvre champenoise saupoudrée de sel... parisien ,

que m'est revenu le souvenir d'un des plus tristes épisodes qui m'aient ému dans ma jeunesse.

MM. Lefebvre et Delmas ont mis en scène un bon bourgeois qui cherche et demande à tous ceux qu'il rencontre la place de la *Quille-aux-Bâtons*, dont le nom a été biffé sur les écriteaux modernes et dans la mémoire de bien des Rémois.

Eh bien! ce nom, venant subitement frapper mon oreille, fit dresser devant mes yeux l'ombre d'une pauvre jeune fille du peuple qui habitait ce quartier, fleur modeste fauchée avant la moisson, et alors, au milieu de toute la foule qui m'entourait, je me trouvai seul, seul avec mon souvenir.

Ce que c'est que l'homme : vous l'entendez rire aux éclats ; oublieux du passé qui l'a flétri, insoucieux de l'avenir qui déjà creuse sur son front de longs sillons, lui, l'homme sérieux, il devient le vassal de la gaîté qui l'enivre et l'entraîne. Tout-à-coup, un nom se prononce, un nom qui lui seul prête à rire ; ce mot tombe de la bouche d'un personnage comique par sa diction, son costume, ses manières, et l'homme qui riait devient taciturne, la joie qui se répand autour de lui pèse sur son cœur..... une larme tombe de ses yeux.....

Pourquoi ?.....

Voilà mon histoire :

II.

Il y a déjà longtemps de cela : une vingtaine d'années au moins. Dans une maison basse et sombre située dans une des rues avoisinant la place nommée aujourd'hui place Lenoncourt, vivait, avec son père, la jeune Lise R...

Chacun ne sait peut-être plus ce que renfermait alors de misères ce fouillis de maisons qui commençait à droite de la place de la Quille-aux-Bâtons, pour aboutir au rempart d'un côté, de l'autre à la rue de Fléchambault. Tout, dans ce quartier, semblait anormal, impossible. Les noms mêmes des rues renfermaient des allusions étranges, bizarres, si on songeait à la condition malheureuse de ceux qui y avaient, forcément, hélas! élu domicile, ou affichaient un contraste plein d'une cruelle ironie. Ici, ces demeures, froides comme les souterrains d'une prison, étaient baptisées du nom de *Châtelet*; là, où l'infortune devait indubitablement évoquer le suicide, c'était la rue du *Pistolet*; de ce côté, la rue *Tourne-bonne-Eau*, digne émule de la rue *Chantereine*, vantait les bienfaits de la seule boisson permise à ses habitants.

Ce n'est pas tout : il y avait là un *Versailles*, des *Tuileries* : comprenez-vous? quel sanglant sarcasme! Des Tuileries, là où on ne remarquait alors qu'un sordide magasin de costumes (de cour, n'est-ce pas?); dépôt infect de haillons de toutes couleurs, de guenilles ramassées partout, et se louant, au Mardi-Gras, sous le titre alléchant de manteaux de sultan ou sous le nom captieux de robes de bergère! O turpitude!

Lise, ainsi s'appelait notre héroïne, demeurait donc dans un monde bien à plaindre, entre quatre murailles de craie qui suintaient, avec une humidité glaciale, le principe de maladies nombreuses. Le jour ne pénétrait dans cet intérieur que par un châssis de papier huilé, de sorte que, l'hiver, on n'y voyait, pour ainsi dire, point clair de la journée. Le seul pot de terre dont se servent les peigneurs de laine attiédissait, mais, en même temps, alourdissait l'air qu'on y respirait, et ajoutait encore aux causes morbides qui avaient enlevé la mère de Lise.

Une longue suite de fatigues et de privations, dans un milieu si contraire, avait tué la bonne femme, plutôt que le choléra qui sévissait alors.

Sa fille lui avait en vain prodigué les soins les plus tendres et lui avait sacrifié bien des veilles; en vain elle avait détaché de ses oreilles les boutons d'or et de corail qui en paraient le lobe délicieux, et vendu cet unique présent d'une opulente marraine; en vain elle avait livré, pour quelques sous, aux ciseaux d'un coiffeur les anneaux de sa blonde chevelure, afin de subvenir aux frais d'une longue maladie : elle se vit, à quinze ans, privée de l'amour et des conseils d'une bonne et vertueuse mère.

Pendant un an, Lise, en proie à la plus violente des douleurs, n'avait cessé de répandre des larmes, sans songer qu'elle avait une plus noble tâche à remplir en ce monde.

De son côté, son père était tombé dans une morne atonie, dont ne pouvait le faire sortir la vue de son enfant. Le découragement et le chagrin, mauvais hôtes, ne quittaient le logis ni la nuit, ni le jour. Le travail se ralentissait : le pain manquait parfois quand la faim se faisait sentir.

Un jour, Lise, voyant son père comme anéanti auprès du pot de terre où se réduisait en cendres le charbon acheté avec tant de peine, et peignes et laine gisant sur le sol, eut peur d'abord : puis une bonne pensée, une pensée venue d'en haut, illumina son visage :

— Mon père ! dit-elle ; mon bon père, pardonne-moi. Tu souffres, et je n'ai rien fait pour adoucir tes chagrins ; tu as manqué de nourriture, et j'ai gaspillé un temps qui pouvait nous être précieux. Oh ! pardonne-moi ! Mais j'ai du cœur ; j'aurai du courage ; je suis femme maintenant, j'ai seize ans. Tu verras que je saurai près de toi remplacer ma bonne mère.

Jérôme, qui, depuis un an, n'avait ouvert la bouche que pour répondre, et jamais pour interroger ; cet homme qui était changé au point d'être méconnaissable pour tous, et dont le regard ne témoignait plus des sentiments du cœur, se retourna vers son enfant qui était tombé à ses genoux : une larme jaillit de ses yeux et coula lentement sur ses joues amaigries ; puis ses sanglots éclatèrent :

— Mon enfant ! mon enfant !

Et il releva sa Lise bien-aimée, la pressa sur son cœur, la dévora de ses caresses.

Il était sauvé.

Lise était pour lui l'ange de l'espoir ; pour eux deux l'avenir se montrait splendide de riantes promesses.

Hélas ! que ne pouvons-nous dire avec justesse, en dénaturant le proverbe : Tout est bien qui commence bien !

III.

Les choses allaient donc pour le mieux dans le petit ménage. Le père et la fille travaillaient avec ardeur ; une espèce d'aisance se lisait dans l'ameublement tenu avec une extrême propreté. Les murs étaient blanchis à la chaux ainsi que le plancher du grenier qui bornait l'horizon de ce petit tableau. Il y avait des fleurs sur la cheminée, de chaque côté d'un globe recouvrant un bel enfant Jésus en cire, étendu sur une blonde couche de paille. Un chandelier de cuivre bien poli remplaçait le

lampion fumeux dans lequel se tordait autrefois une mè-
che qui grésillait lugubrement.

On pouvait passer assez agréablement l'hiver dans
cette chambre.

Mais l'été ? A cette saison, tous les jours sans orage et
sans pluie étaient des jours de fête.

Nous avons oublié de dire qu'un petit jardin attenait à
la maison de Lise. C'est là surtout qu'on pouvait s'apercevoir du bonheur intime de ceux qui en foulaient le
gazon.

IV.

La voyez-vous d'ici, assise près de la fenêtre de la
maison, afin d'avoir l'œil sur le foyer d'où s'échappent
un murmure et un parfum culinaires fort réjouissants?
Une robe d'indienne parsemée de jolies fleurs toutes mi-
gnonnes dessine sa belle taille. Elle tient à pleines mains
un long serpent de laine dans laquelle mordent ses jolies
petites dents. Deux peignes chauffent dans le pot de
terre; bientôt deux mains frêles s'en emparent et les font
mouvoir avec une dextérité merveilleuse.

Lise chante, car, autour d'elle, tout a pris un air de
joie et de fête; les fleurs rayonnent de beauté; le caril-
lon de Saint-Remi exhale ses plus beaux hymnes de
fête, et annonce la venue joyeuse d'un nouveau-né; le
père Jérôme ne peut tarder à rentrer avec le gain de son
ouvrage, qui doit servir de dot à sa fille chérie; enfin, le
bien-aimé va venir.

Tout est changé, comme vous le voyez.

Admirez ce petit jardin : habitués à s'écarter du naturel, et à donner pour vraies les élucubrations d'une imagination exubérante, nos romanciers nous vantent des fleurs d'un autre monde, comme si dans nos champs, parsemés de tant et de si jolies fleurs, il n'y avait pas autant de poésie que dans ces monstruosités qui ne peuvent croître chez nous qu'à l'aide d'un soleil artificiel. J'aime mieux le soleil du bon Dieu et le jardinet de ma petite Lise.

Là point d'allée sablonneuse qui vous brûle les yeux : mais la terre, *alma parens*, dépouillée des plantes parasites qui peuvent l'altérer. Le fraisier, le thym, encadrent les plates bandes, corbeilles odorantes où resplendit le velours de la pensée, où se cache l'étoile parfumée de la violette, où rayonne le soleil du souci ; îles verdoyantes où folâtre le papillon du pois de senteur, où scintille le géranium, où s'élève, roi majestueux et pur, le lys aux enivrants parfums. Le long du treillis qui ferme d'un côté cette fraîche oasis, s'élancent et grimpent le liseron aux clochettes multicolores, la capucine éclatante, le jasmin blanc que son odeur suave ne peut dissimuler sous cet amas de verdure; sur le bord du réservoir où s'épanchent les eaux pluviales, voici la reine des prés, le myosotis et la marguerite, l'oracle et l'interprète des amoureux. Ne cherchez point ici ces arbustes inutiles, ces arbres pleins d'une superbe infructueuse : mais quelques rosiers, des lilas roses, et surtout des groseillers rouges, blancs, noirs et épineux. Une tonnelle, ombragée par le chèvre-feuille des bois, termine d'un côté cet étroit jardin, borné de l'autre par une épaisse haie de sureau dans laquelle s'enchevêtre le syringa calomnié de nos jours, et sur laquelle sautille le moineau, gazouille l'hirondelle, et trône le vaniteux chardonneret, plein de mépris pour le linot qui n'ose chanter près de son domaine.

En été, voilà quel est l'atelier de nos amis. Le soir, c'est assis sous la tonnelle, sur un vert gazon, que l'on devise, amant, père et fille; le dimanche, c'est encore sous la tonnelle que celle-ci passe l'après-midi, soit à lire, soit à coudre. On y est si bien, et puis le ramage de la fauvette qui s'y fait entendre a tant de charmes pour l'oreille, et, mon Dieu! pour le cœur aussi. Est-ce que tout ce qui est beau ne parle pas au cœur?

On était donc vers la fin de Mai. C'était lundi. Ce jour-là, Lise s'était faite aussi belle qu'un dimanche. C'est que, comme nous l'avons dit, elle attendait son fiancé, qui n'était point venu la veille, et elle voulait (quelle femme n'est point un peu coquette!) qu'il la vît dans ses beaux atours.

Elle était en train de construire un de ces merveilleux châteaux en Espagne, pour lesquels il n'est pas de meilleur architecte que la jeunesse, lorsqu'un léger bruit la fit tressaillir.

Elle se retourna et vit Joseph, qu'elle s'était bien promis de gronder; mais elle n'en eut pas le courage.

Joseph était un bon ouvrier, tailleur de pierres, occupé à la restauration de Saint-Remi (car on le restaurait déjà à cette époque), et qui, en voyant le dévouement de Lise, en avait su apprécier toute la valeur.

Lise se contenta donc de rougir.

Et la fauvette continua ses chants mélodieux.

Nous nous garderons bien de vous répéter tout ce qu'ont pu se dire les deux amants pendant leur chaste, mais assez long entretien. Est-ce que tous les amoureux n'ont pas le même langage quant au fond, sinon quant à la forme ? Est-ce que les phrases à perdre haleine que mettent dans la bouche de leurs héros la plupart de nos écrivains prouvent autre chose que le but auquel ils tendent, c'est-à-dire, de propager de funestes séductions, ou de faire ressortir orgueilleusement les charmes de leur talent ? Le cœur n'en dit pas si long, mais il se répète souvent ; ce que défendent les lois de la littérature.

Aussi, je passe sur ce détail, comme j'ai passé sur le portrait de Lise, qui était tout simplement jolie.

Les cloches de Saint-Remi sonnaient à toute volée, et la fauvette, sautillant de branche en branche, faisait sortir de son gosier le plus délicieux ramage.

Il prit fantaisie à Joseph de poursuivre le petit oiseau afin de découvrir le nid qui l'abritait, et que, du reste, personne de la maison n'avait jamais songé à rechercher.

Pourquoi cette fantaisie de Joseph ? Demandez à la femme pourquoi aujourd'hui elle veut ce qu'elle n'eût pas voulu hier ? A l'homme le plus doux pourquoi, en face d'une femme, il se plait à se montrer plus cruel qu'il ne l'est ?

— Joseph, je vous en prie, dit Lise. Laissez ce petit oiseau.

— Mais je ne veux point lui faire de mal.

— N'importe ; écoutez-moi.

Ah ! bah ! Joseph continuait ses recherches. Bientôt il poussa une exclamation joyeuse à laquelle répondit un petit cri poussé par Lise.

En effet, il venait de mettre la main sur le nid de la fauvette, habilement posé entre deux branches d'un groseiller noir. Il voulait l'apporter à sa fiancée, mais celle-ci s'était précipitée vers lui, et retenant la main qui déjà voulait détacher le trophée de sa facile conquête :

— Ce que vous avez fait là, Joseph, est bien mal. Vous m'avez porté au cœur un coup plus terrible que vous ne pouvez le supposer. Dites, si vous le voulez, que c'est un enfantillage : pour moi, je vois dans ce que vous venez de faire le présage d'un malheur. Enfantillage ! répéterez-vous encore. Non, Joseph, et vous allez bientôt me comprendre, je l'espère.

— Ma bonne Lise, répondit Joseph un peu confus, pouvez-vous, sur un accident aussi simple, baser l'édifice de vos craintes ? Chimère que tout cela ! Superstition ! comme dirait M. le curé.

— Vous avez vu, n'est-ce pas ? envoler ce pauvre oiseau que vous avez si cruellement poursuivi : eh bien ! quelque chose me dit que mon bonheur s'est envolé avec lui ; ni l'un ni l'autre ne reviendront plus peut-être.

— Lise, quittez ce ton sérieux..... Douce et bonne comme vous êtes, pouvez-vous bien me tenir rigueur pour une plaisanterie ?... Tenez, laissez cet air boudeur, et causons de notre prochain mariage. Voyons..... mais souriez donc !

— Joseph, écoutez-moi. Cet oiseau que vous..... qui nous a quittés pour jamais.....

— Vous le dites.

— C'est la vérité : ignorez-vous donc que toute main indiscrète qui touche au nid de ces charmants petits êtres, les en éloigne pour la vie ? Celui-ci est venu égayer notre demeure le jour même où une nouvelle vie s'ouvrit devant moi, où la femme remplaça la jeune fille, où l'espoir vint frapper à notre porte.

J'étais habituée à ses chants : il était pour moi ce que pour d'autres est l'hirondelle : l'ami du foyer ; il me semblait qu'il chantait pour m'encourager, quand je travaillais avec ardeur, comme il se taisait lorsque je restais inactive ; ma mère et Dieu, me disais-je, m'ont envoyé ce consolateur. Et maintenant..... plus rien !

Lise se mit à pleurer.

Joseph ne trouva d'autre moyen de couper court à cette scène où il remplissait le rôle de tyran, qu'en quittant la place.

— Espoir ! dit-il : bientôt nous serons heureux !

— Dieu le veuille ! répondit Lise avec un long soupir.

V.

Elle était encore là, pensive et désolée, sous le berceau de verdure, lorsque son père revint.

— Lise, s'écria-t-il en l'apercevant, que fais-tu là ? Viens m'embrasser, mon enfant ! Vois comme ce bel argent brille dans ma main. C'est ta dot.

Point de réponse.

— Tu compteras, avec Joseph, j'en suis certain, autant d'années de félicité qu'il y a là !... Mais que signifie... Tu pleures... Au moment où je croyais te trouver si joyeuse...

— Rentrons, mon père, car je souffre.

VI.

C'est une chose singulière, que les hommes que leur profession met aux prises le plus souvent avec la mort, sont ceux qui s'inquiètent le moins des accidents de la vie ; ils savent que leurs jours sont en danger, et jamais ils n'analysent leur passé et ne préjugent l'avenir. Loin de sentir de la compassion lorsque leur regard tombe sur quelque plaie sociale, ils ont le cœur plus dur que tout autre, ou, s'ils sentent remuer en eux quelque fibre miséricordieuse, ils viennent facilement à bout de la faire taire.

Tel n'était point positivement Joseph, le tailleur de pierres; d'ailleurs, si jeune encore, il ne pouvait être endurci comme ses vieux compagnons de travail; mais, comme bien vous devez le penser, une fois sorti de chez Lise, il ne songea plus guère à l'épisode qui venait de se dérouler, et qui, pour lui, avait trop peu d'importance.

Ne faisons point les hommes plus laids qu'ils ne le sont, mais peignons-les tels qu'ils se présentent.

Joseph revint donc à son travail, et se mit à chanter avec ses compagnons, hissés sur un échafaudage qui atteignait presque le faîte de l'église.

Quoique faisant chorus aussi fort que les autres, Joseph sentit poindre en lui un sentiment pénible : quelque chose comme un remords, ou plutôt un pressentiment.

Il lui semblait entendre une voix partant des voûtes de l'église, et qui murmurait sourdement à son oreille : « Tu as blessé la jeune fille qui t'a donné son amour, tu l'as froissée dans sa candide et naïve croyance, tu as ri de son effroi : malheur à toi! malheur! » Il cessa de chanter, mais presque aussitôt une pierre vint à se détacher, glissa violemment contre son épaule, et l'entraîna avec elle dans sa chute.

Les ouvriers s'empressèrent de descendre à son aide; comme il vomissait le sang par la bouche, et qu'on craignait qu'une secousse lui fût mortelle, on le releva avec toutes les précautions possibles, et on le transporta

sur un brancard, à l'Hôtel-Dieu, qui est tout proche, et
où des sœurs compatissantes prodiguent, noble et sainte
tâche, leurs soins et leur dévouement à toutes les blessures et toutes les infirmités humaines.

VII.

On a dû pressentir le dénouement de cette histoire
véridique. Nous ne voulons pas nous appesantir sur les
grandes douleurs qui la terminent.

L'union projetée entre Joseph et Lise n'était un secret
pour personne : aussi, celle-ci fut-elle la première informée du malheur qui frappait à la fois son amant et
son amour.

A cette nouvelle, maladroitement annoncée, une révolution terrible s'opéra dans tout son être ; il s'ensuivit
une prostration complète de ses forces, et comme un
engourdissement de son intelligence. Pendant quelques
jours, on la crut frappée de démence ; puis un calme
trompeur rassura son vieux père, qui, appuyé contre
l'oreiller de douleur de son enfant, s'arrachait la poitrine et mordait ses lèvres jusqu'au sang.

Enfin je vis, quelque temps après, sur le seuil tendu
de blanc de la petite maison que vous connaissez, un
cercueil recouvert aussi d'un drap blanc.

Des milliers de fleurs, arrachées par Jérôme, dans
une terrible crise de désespoir, jonchaient le sol. Les
cloches exhalèrent dans les cieux un glas funèbre ; puis
survinrent bientôt deux longues rangées de jeunes filles,
et le clergé de Saint-Remi, qui emportèrent le cercueil ;

et le corps de cette belle enfant, dont l'âme était dans les cieux, fut confié à la terre, au milieu des larmes de tous ceux qui l'avaient admirée et chérie.

VIII.

Aujourd'hui, aucune âme sensible ne pourrait déposer sur sa tombe une larme ou un sentiment de regret. Inhumé dans la rue du Ruisselet, son corps n'a pas eu de monument, et personne, lors de la translation des restes vénérés de mainte et mainte famille dans le cimetière de Dieu-Lumière, n'est venu réclamer ses précieux ossements.

Et la fauvette a cessé depuis lors de chanter dans le jardin de Lise, converti aujourd'hui en une cour où l'herbe pousse entre les fissures d'un pavé arrosé par des eaux de cuisine noirâtres et fétides.

Et l'on pouvait rencontrer, il y a cinq ou six ans, dans les campagnes qui avoisinent Reims, le père Jérôme, la besace sur le dos, mendiant le pain qu'il ne pouvait plus gagner et qu'il ne voulait point demander aux gens de la ville, car il fuyait tout ce qui lui pouvait rappeler sa chère enfant.

Quant à Joseph, on avait exagéré la gravité de ses blessures : au bout d'un mois, il put reprendre ses travaux. Depuis, il s'est uni à une forte femme, marchande de fruits et débitante de boissons, avec laquelle il amassa une petite fortune, car, au rebours des amoureux des romans d'autrefois, ils n'ont pas eu d'enfants.

Je suis peut-être, aujourd'hui, le seul qui ai gardé le souvenir de la belle et malheureuse Lise R***.

PASTEL

A M. Paul-Hippolyte P......, Sculpteur.

Marquis, vous m'effrayez vraiment!
Vous n'êtes plus ce tendre amant
Toujours empressé de me plaire.
Le jour entier, j'attends, hélas!
Un bruit qui rappelle vos pas :
Rien de vous ne vient me distraire !

Oui, mais, la nuit, je crois, vous ne m'attendez pas !

LA COMTESSE.

Marquis, ne perdez pas espoir :
Marton vous ouvrira ce soir.
Pour mieux vous prouver ma tendresse,
Je vais renvoyer sans détour,
En riant de son fol amour,
Certain jeune abbé qui vous blesse !

LE MARQUIS.

Oui, mais il reviendra, sans doute, avec le jour ?

LA COMTESSE.

Marquis, garde-moi le secret,
Près de tous demeure discret :
Souvent le jour, la nuit peut-être,
Mon regard te dira sans bruit :
Sur ce sein, qui d'amour bondit,
Viens reposer, ô mon doux maître !

LE MARQUIS.

C'est peu : je veux ensemble et le jour et la nuit !

LA COMTESSE.

Marquis, quand viendra mon époux,
Comment à ses transports jaloux
Dérober l'effroi de mon âme ?
Je me livre à votre merci ;
Mais vous aurez plus de souci
Du salut d'une pauvre femme !

LE MARQUIS.

Femme ?... non : tu ne sais pas tromper un mari ! ! !

RÉCRÉATION
LES RUES DE REIMS

LE hors-d'œuvre qui suit est un délassement, nous ne dirons pas d'esprit, car nous ne visons pas si haut. C'est l'ébattement d'un écolier qui court les champs et qui livre au vent ce qu'il a rêvé de malices et d'espiègleries. Un pédagogue seul s'en fâcherait. Notre lecteur ne voudra pas mériter cette épithète mal sonnante. Qu'il ne cherche donc pas dans cette bluette ce que l'auteur n'a pas voulu y mettre.

RÉCRÉATION.

LES RUES DE REIMS

ARRANGÉES EN CONTE.

Je vais raconter les exploits
De Saint-Jean, le vaillant Rémois.
Pour bien détailler cette histoire,
Il faudrait la grosse écritoire
Et la plume de dom Marlot,
Anot, Clicquot ou Godinot;
Mais, basth! je saurai, j'imagine,

Par Notre-Dame! de l'épine
Qui me gêne en cet incident,
Me débarrasser dextrement.

Né, dans le quartier Saint-Nicaise,
De tapissiers mal à leur aise,
Et baptisé dans Saint-Remi,
Saint-Jean, fantaisiste nature,
Né mordit point à la couture.
Tout jeune, il se montra l'ami
Des uniformes, de la garde :
Si des soldats, au point du jour,
Partaient, guidés par le tambour,
Le chef orné d'une cocarde,
On le voyait à l'avant-garde.

Aux écoles dès qu'on l'eut mis,
De batailler il se fit fête,
Prouvant qu'il avait plus de tête
Que n'en avait feu saint Denis.
Les successeurs de de la Salle
Le morigénèrent en vain :
Il vida plus d'un pot d'étain
Avec tous les forts de la halle.
Il évitait le marmouzet
Tout barbouillé de raisinet,
Et, pour s'armer contre le vice,
Allait au Palais-de-Justice.

Ses parents vinrent à mourir :
Il pleura comme Madeleine,
Mais, hélas! c'était folle peine!
Pauvre orphelin, qu'il dut souffrir!

Il en fallait moins pour l'abattre.
A seize ans, fort comme Henri quatre,
A vingt, Saint-Jean, de l'hôpital
Respirant les miasmes fades,
S'écrie : En mon pays natal
Peut-on parler de bons malades?
Bientôt, un peu grâce aux talents
De l'Ecole de Médecine,
Et, surtout, grâce aux sentiments
Qu'eut pour lui Sainte-Catherine,
Novice, comme on le devine,
Il guérit, et, rempli d'espoir,
A son foyer revint s'asseoir.

Mais l'officier de la Gabelle
Avait pillé son escarcelle,
Sans lui laisser un seul écu;
Sa montre, cadeau de sa mère,
Avait, elle aussi, disparu.
Il devait, traçant une équerre,
Pour connaître l'heure du jour,
Accourir au cadran Saint-Pierre.
Au cœur s'il n'avait eu l'amour,
Combien il eût versé de larmes
Sur ses habits souillés, crevés

Plus que les robes de vieux Carmes
Et les chausses des Ecrevés.
Or, pour remplir sa tirelire,
Il fallait travailler beaucoup,
Ne plus boire le moindre coup :
Mais pour Saint-Jean, dans son délire,
Nul liquide n'était plus beau
Que celui de Tourne-bonne-Eau ;
Plus douce lui semblait l'oseille
Qui verdit près de Clairmarais
Que le suc qu'aspire l'abeille
Ou que le sucre des Maretz.
A l'amour comme tout invite,
Pensif, le long d'un ruisselet,
Souventes fois il effeuillait
Les fleurs de lys, la marguerite.
Les Dimanches, dans son faubourg,
Comme un prince en son Luxembourg,
Il se filait des jours de joie
Plus riches que les fils de soie,
D'or et d'argent que feu Jacquart,
A qui notre siècle propice,
Enfin, daigne rendre justice,
Tissait avec un si grand art.

Un jour, voilà que les Cosaques,
De sang et de meurtre altérés,
Vers la Croix-des-Pestiférés
Accourent et brûlent des baraques.
Maint beffroi, lointain et voisin,

Gémit un lugubre tocsin.
Pendant que se commet le crime,
Saint-Jean ronfle comme un MINIME.
Déjà, profitant d'un ciel noir,
Le lourd Baskir, à l'ABBREUVOIR
RINÇANT ses guenilles à franges,
Fait peau NEUVE ; alors, de ses fanges
Bien débarrassé pour l'assaut,
Il veut la CLEF de FLÉCHAMBAULT,
Pose ses chocs et ses ÉCHELLES
Contre nos débiles TOURNELLES,
Et ses formidables engins
Sur les buttes de nos MOULINS ;
Déjà notre ville éperdue
A jamais se croyait PERDUE,
Lorsque Saint-Jean, dans son sommeil,
Vit DEUX ANGES au front vermeil.

« Il faut, » disaient-ils, « en son bouge
» Repousser l'ours qui fond sur REIMS
» Et sans peur lui briser les reins.
» Lève-toi, prends cette CROIX ROUGE :
» C'est un talisman précieux
» Qui fait de l'homme audacieux
» Un MARS redoutable, invincible,
» Dont le corps ne sert point de cible,
» Dont le bras frappe des coups sûrs.
» Défends les CRÉNEAUX et les MURS ;
» Commence une nouvelle ÉTAPE :

» Détruis ces races de l'enfer,
» Et par la hache, et par la sape,
» Et par la flamme, et par le fer !
» Que SAINT JACQUES et NOTRE DAME
» Viennent fortifier ton âme ! »

Saint-Jean alors se réveilla :
On prétend même qu'il BAILLA.
Faisant ensuite sa prière,
Il s'exclama : « DIEU, LUMIÈRE
» Du prudent, du sage et du fort,
» Prête-moi ton puissant renfort ! »
Il enfonce enfin sur sa tête
Un casque, en des temps incertains,
Laissé chez nous par les ROMAINS.
Il prend ARQUEBUSE, ARBALÈTE,
Quoi ! tout un PETIT ARSENAL.

Voyez-le traverser la rue,
L'air imposant et martial :
Tout Russe faisant pied de GRUE
Tombe frappé d'un plomb fatal.
A tous moments son arme éclate ;
Maint balle siffle, et, fendant l'air,
Entre mieux qu'un CLOU DANS LE FER.

Soudain, une flamme écarlate
Qui dévore TREIZE MAISONS,

De Cérès les riches MOISSONS,
Le dirige vers les TRANCHÉES
Où les bandes se sont cachées.
D'horreur devenu violet,
Il tue à coups de PISTOLET
Celui qui dans les murs du sacre
Avait ordonné le massacre.
Au nord, au LEVANT, au COUCHANT,
Au midi, son bras va fauchant,
Et, malgré la mousqueterie
Qui hurle en cette BOUCHERIE,
Marchant sur les MORTS, les mourants,
Il entraine à la CHANVRERIE,
Pour les pendre, Baskirs, Uhlans.
Il franchit la place BARRÉE,
Une rue à moitié BRULÉE;
Enfin, il en immole tant
Qu'il en remplit le PUITS-AU-SANG.

Le COEUR NAVRÉ de ces bravaches
Nourrit déjà les noirs CORBEAUX;
Leurs casques aux brillants panaches
Aux moutards servent de CHAPEAUX;
Et plus jaunes que pain-d'épice,
Cavaliers, FUSILIERS,
Reculent comme l'ÉCREVISSE
En voyant les TROIS-PILIERS.....

On sait que c'est toujours au TEMPLE
Que s'accomplit le dénouement
De tout drame et de tout roman :
Des braves le héros, l'exemple
Apprend que dans la BELLE-TOUR
Se fane cette BELLE IMAGE
Qui tenait son cœur en servage
Et qui le payait de retour.
Comme un CERF, VOLANT, il COURT : CELLE
Que, pour préserver du trépas
Pendant ces meurtriers combats,
Il cachait en cette tourelle,
Se précipite dans ses bras.
Saint-Jean, transporté d'un beau zéle,
S'écrie : « Oh! PASSE, DEMOISELLE
» Aujourd'hui, BONNE FEMME demain!
» Viens faire bénir notre hymen! »

Bientôt la messe nuptiale
Retentit dans la CATHÉDRALE.
Comme ils étaient beaux, tous les deux,
A genoux sur la froide dalle!

Longtemps ils vécurent heureux.
S'il avait l'âme moins sereine,
L'époux disait : « Oh! CHANTE, REINE! »
Et l'épouse, alors, commençait
Un chant qui le réjouissait.

Au coin du CLOITRE ils habitèrent.
Souvent leurs amis répétèrent,
Lorsqu'ils quittaient avec émoi
Leur demeure patriarchale :
« Vive Saint-Jean ! Il est bien roi,
» Puisqu'il tient la place ROYALE !!! »

Le mot *Bête*, quand on l'applique à la Champagne, change de signification ; il signifie simplement primitif, rude et redoutable ; la Bête peut bien être **AIGLE** ou **LION**.

[*Victor Hugo.*]

99 MOUTONS...
Comédie-Proverbe en un Acte

PERSONNAGES.

BACHELARD , riche négociant.
Madame Philippine BACHELARD.
ALINE , leur fille.
REMI , commis-négociant.
LÉON , jeune désœuvré.
LECOCQ , domestique.
SOUFFLOT , marchand tailleur.

L'action se passe à Reims, en 1854.

99 MOUTONS...

Comédie-Proverbe en un Acte,

MÊLÉE DE COUPLETS.

Un salon chez M. Bachelard. — Portes à droite et à gauche.
Fenêtre au fond, donnant sur la rue. — A gauche, cheminée avec glace au-dessus, pendule, vases, etc. — A
droite, piano sur lequel sont des cahiers de musique. —
Table recouverte d'un tapis au milieu du salon, chaises.
— Feu dans la cheminée (on est au mois de décembre);
pelle et pincettes.

SCÈNE PREMIÈRE.

LECOCQ, seul.

Lecocq a vingt ans; il n'a point de barbe; ses cheveux fri-
sent naturellement. — Nez un peu violacé à l'extrémité.
— Gilet jaune, à manches de lustrine bleue; pantalon

gris de fer; chaussons de lisières; pas de cravate au cou; col de chemise rabattu.

Il sort de la salle à manger, à gauche, tenant une assiette de dessert. La bouche pleine, il chante :

> Ah! qu'il fait donc bon cueillir la figue !
>   Mais j'aimerais mieux,
>   Chèr' Julie, la croquer nous deux !

Ce qui me défrise, c'est qu'elle me la fait, la figue, et croquer le marmot, par-dessus le marché. L'ingrate! Refuser de partager mes quatre mendiants, mes gages, ma chambre, mon..... le bonheur, quoi! — Ça n'a pas de nom, de manger ainsi tout seul. C'est pire qu'un animal! Le lion du Jardin-des-Plantes a un chien pour le distraire lorsqu'il apaise son appétit, disent les relations; tandis que moi, Julie ne veut pas tant seulement que j'approche de sa cuisine, lorsqu'elle y est, sous prétexte que ce n'est pas pour moi que le four chauffe. Et pourquoi? je vous le demande. Est-ce parce que je lui dis qu'elle me plaît? Allons donc! Est-ce qu'une femme se fâche jamais de pareilles douceurs? (*Mordant dans un fruit.*) Je les aime bien, moi qui suis homme, j'ose le croire. (*Une femme chante au-dehors.*) Bon! la voilà! Non, elle descend. (*Regardant par la fenêtre.*) Elle a mis son bonnet des dimanches. Elle sort encore, sans doute. Elle va voir ses payses! Toutes ces domestiques en rencontrent plus à Reims qu'il y a d'habitants dans le village d'où elles sont nées natives! Non! je parierais qu'elle va sous les Loges; je parierais qu'on l'y attend; je parierais..... Allons! ne nous égarons pas dans cent paris, et tâchons de tirer au clair ce qui ressort de ces sorties. — Ah! que je souffre! et tout cela pour une perfide! — Elle est jolie, tout de même, mais

Elle est railleuse, elle est colère,
Et me répète, à chaque instant,
Que je ne suis propre à rien faire
Et que je suis un..... ignorant
Dépourvu de tout agrément.
Mais, patience ! la coquette
Avec moi n'en a pas fini :
Je lui prouv'rai qu' je n' suis pas bête,
Bien que je sois de Bétheny.

Oui, j'en aurai le cœur net; il faut que je sache si j'ai un rival. La table est desservie, mes nobles maîtres sont livrés à leurs occupations quotidiennes : éclipsons-nous ! Et gare à l'intrus qui voudrait marcher sur mes brisées !..... Je le brise !

SCÈNE II.

LECOCQ, PHILIPPINE.

Madame Bachelard a trente-six ans. — Tenue de ville, riche. Elle a un manchon.

Elle vient de gauche, sans voir Lecocq qui est prêt à sortir par la droite.

PHILIPPINE (*à part*).

Peut-on être aussi présomptueux que ce M. Léon ! Me donner rendez-vous, chez lui..... Suis-je donc tombée assez bas ? mon Dieu !

LECOCQ (*à part*).

Ah ! ah ! mes beaux amoureux, garde à vous !

PHILIPPINE (*à part et effrayée*).

Que dit ce valet ? A-t-il vu ? aurait-il deviné ?

LECOCQ (*à part et restant immobile*).

Madame Bachelard! Oh! quel air singulier!

PHILIPPINE (*à part*).

C'est impossible! Cet homme m'effraie à tort..... Il ne peut lire sur mon visage..... Voilà mon châtiment qui commence!

LECOCQ (*à part*).

Qu'est-ce qu'elle peut se raconter comme ça? Elle ne me voit donc pas? Filons!

PHILIPPINE.

Lecocq, où vas-tu?

LECOCQ (*hésitant*).

Mais..... nulle part, madame.

PHILIPPINE.

Tu voulais t'en aller, cependant.

LECOCQ.

Pardon! pardon! je me disposais..... à rester.

PHILIPPINE.

Monsieur, je vous croyais incapable de mentir.

LECOCQ.

Eh! eh! qu'est-ce qui n'a pas quelque capacité de ce genre? Il faut bien des trompeurs, puisque tout le monde se plaint d'être trompé.

PHILIPPINE (*à part*).

Il sait que je vais chez M. Léon... Et il faut que mon front se courbe sous l'outrage de mon domestique..... C'est trop d'humiliation! (*Haut.*) Que signifie un pareil langage?

LECOCQ (*avec volubilité*).

Cela signifie que je suis vexé, là! parce qu'il y a une femme criminelle qui fuit le toit où on l'aime, où on l'adore; parce qu'elle se joue d'un homme honnête...

PHILIPPINE (*l'interrompant*).

Son mari?

LECOCQ.

Ah! la plaisanterie est méchante : madame sait bien que je ne suis point marié. Je n'ai même jamais été veuf...

PHILIPPINE (*à part*).

Quelle imprudence !

LECOCQ.

Mais j'espère l'être bientôt.

PHILIPPINE.

Veuf?

LECOCQ.

Non, le mari de Julie. C'est pour cela que je voulais la suivre et m'assurer si un autre n'est pas la cause de ses continuelles sorties.

PHILIPPINE (*riant*).

Ah! ah! ce sont les beaux yeux de Julie qui te font faire si piteuse mine ?

LECOCQ.

Oui, je l'aime, et c'est pour cela que je voudrais que vous l'enfermiez ici. Tenez, je vous en prie, ne me retenez pas, que j'aille...

PHILIPPINE.

Je devrais bien te punir de ton impertinence de tout-à-l'heure. Mais non, je te permets.....

LECOCQ.

Merci, madame. Je cours au galop.....

PHILIPPINE.

Pas si vite ! il faut auparavant mettre un peu d'ordre dans ce salon, que mon espiègle d'Aline bouleverse toujours.

LECOCQ (*pleurant presque*).

Il sera trop tard….. Je ne pourrai la rejoindre…..

PHILIPPINE.

Ne m'avez-vous pas entendu ? (*A part.*) Comme cela, il ignorera de quel côté je me dirige. Fatale promesse ! Pourrai-je ne pas me trahir ? Oh ! ma conscience , que n'es-tu muette ! (*Elle sort par la droite*).

SCÈNE III.

LECOCQ, seul.

J'ai bien le temps d'attendre , vraiment ! Et puis, pour sortir , il faut bien que je passe un vêtement plus sortable. (*Allant à la fenêtre*.) Voyons un peu si madame Bachelard a tourné le coin. Et alors….. Oh ! c'est le comble de l'infamie ! Julie !… elle !… elle !… avec un homme du sexe !… le cocher de M. Courtaud ! Oui , elle sort de chez lui ,… et avec lui ! Et il rit , le cocodrille , sous ses fausses moustaches noires , car je suis sûr qu'il est roux. C'est un Alsacien , donc il est roux. Je comprends maintenant ce qui lui faisait dire, la perfide ! que je n'étais pas un homme. Eh bien ! tu vas le voir ! Ah ! si j'avais une arme ,… et si je ne m'évanouissais pas à la vue du sang !

Il va sortir par une porte de droite, quand Remi se montre à cette porte.

SCÈNE IV.

LECOCQ , REMI.

Remi a vingt-cinq ans ; il porte moustache et mouche. — Petite redingote noire ; pantalon et gilet fantaisie ; bottes ; chapeau, qu'il ôte en entrant.

LECOCQ.

Bon! mon cauchemar! le commis de la maison!

REMI.

Madame Bachelard?

LECOCQ.

N'est pas là.

REMI (*à part*).

Arriverais-je trop tard? Serait-elle partie à ce rendez-vous? (*Haut.*) Où est-elle?

LECOCQ.

Est-ce que je sais?

REMI.

Lecocq?

LECOCQ.

Eh bien! quoi encore?

REMI.

Je te demande où est madame.....

LECOCQ (*impatienté*).

Et je vous réponds que je n'en sais rien. Est-ce que j'ai le temps de m'inquiéter de ça? Toute la journée, c'est à qui me commandera. — Vois un peu, Lecocq, au pot, dit madame. — Lecocq, hein! ne cours-tu pas à la poste? crie monsieur. — Puis c'est mademoiselle Aline, puis c'est vous. ... Prétendrait-on découvrir en moi le mouvement perpétuel?

AIR : *Tous les pêcheurs de nos rades* (Mazaniello).

Du matin au soir à l'ouvrage,
Il faut aller, venir, toujours!
Le cœur, les bras et le courage
Me manqueront un de ces jours.
Quel supplice que cette vie!
Envoyez-moi vite, ô mon Dieu,
Une bien longue maladie,
Pour que je me repose un peu!

Monsieur, j'ai bien l'honneur de vous saluer.

REMI.

Ah ! vous le prenez sur ce ton ! Nous allons voir.....

LECOCQ.

Quoi donc ? Puisque vous tenez tant à le savoir, madame Bachelard est sortie, là ! Maintenant, laissez-moi tranquille !

REMI (*à part*).

Il n'y a plus moyen de sauver cette pauvre femme ! et ce butor qui m'a fait perdre un temps précieux... (*Haut et ramenant Lecocq au moment où il s'esquive.*) Il parait que nous n'avons pas l'humeur joviale, aujourd'hui ?

LECOCQ.

Moi ? Mais si, mais si. (*A part.*) C'est fini : bloqué à tout jamais !

REMI.

Tu rages !

LECOCQ.

Allons donc ! je chanterais, si cela vous faisait..... déplaisir.

REMI.

Tiens, tu ne peux rester en place !

AIR : *Vaudeville de l'Apothicaire.*

Ma présence, je le sais bien,
N'est pas seule ce qui te gêne :
Mais ne me dissimule rien :
Le premier sujet de ta peine,
C'est que, résistant à tes vœux,
Tu vois fuir l'ingrate Julie.
Oui, si Lecocq est furieux,
C'est que sa poulette est partie.

LECOCQ.

Monsieur !

REMI.

Oh ! oh! ne vous dressez pas tant sur vos ergots! Fi ! que vous êtes laid ainsi ! Je comprends que la jeune demoiselle que je viens de rencontrer avec son amant , sans doute, ne vous garde point la plus petite place dans son cœur.

LECOCQ.

Qu'en savez-vous?

REMI.

Ah ! c'est au bras d'un autre qu'elle vous prouve son affection? c'est différent. Il est beau cavalier, le monsieur de Julie !

LECOCQ.

Qu'il soit ce qu'il veut , je l'emporterai sur lui.

REMI.

Regardez-vous donc un peu ! Et comme votre ramage se rapporte à votre plumage.....

LECOCQ (*bégayant de colère*).

C'est trop... Monsieur... le commis , la distance qui nous sépare n'est pas si grande... que nous ne puissions nous retrouver sur un autre terrain. Si je n'ai pas une langue dorée comme vous...

REMI (*riant*).

Tu as , du moins, la tête plus rouge. C'est tout naturel... chez le coq.

LECOCQ.

Je ne puis tolérer plus longtemps..... Vos armes?

REMI.

Il prend dans la cheminée pelle et pincettes , qu'il met en croix et présente à Lecocq à la manière des maîtres d'armes qui commencent un assaut.

Monsieur est servi.

ENSEMBLE (*Walse de Strauss*).

Dans un tel choc,
Monsieur Lecocq,
Gardez-vous de perdre la tête !
Car votre vengeance, incomplète,
Irait se briser contre un roc.

LECOCQ.

Oui, dans ce choc,
Foi de Lecocq !
Je vous ferai sauter la tête.
Dans ma fureur, rien ne m'arrête,
Et je suis ferme comme un roc !

En garde !

Au moment où les armes se croisent, Aline et M. Bachelard arrivent par la droite.

SCÈNE V.

Les mêmes, BACHELARD, ALINE.

M. Bachelard a quarante-cinq ans ; sa tête, qui commence à grisonner, est couverte d'une calotte grecque ; de ses oreilles partent des favoris ressemblant assez à deux queues de lapin ; besicles relevées sur le front ; sur son puissant abdomen pendent des breloques ; à la main, tabatière d'argent dans laquelle ses doigts, ornés de bagues, plongent fréquemment. — Pantalon noir assez court pour laisser apercevoir des bas blancs ; pantoufles brodées ; longue redingote noire.

Aline est près d'atteindre sa dix-huitième année. — Toilette simple ; coiffure modeste. — Elle tient un livre.

Tous deux rient aux éclats en voyant les deux adversaires dont l'un garde un sérieux tout comique, tandis que l'autre fait preuve d'une violente colère.

BACHELARD.

Que signifie un pareil vacarme?

ALINE.

J'ai eu une peur..... Comment! on se bat ici!

REMI.

Rassurez-vous, ma chère demoiselle, et avouez que
le combat ne pouvait avoir d'issue bien funeste.

LECOCQ (*grommelant entre ses dents*).

C'est bien, c'est bien.

REMI.

Figurez-vous que c'est l'amour qui métamorphose
ainsi ce bon M. Lecocq. Jaloux, comme un Turc, d'une
houri..... de cuisine, il fait un bruit à la mettre à la
porte. Aussi, elle s'est enfuie... avec un autre, et c'est
moi qu'il veut immoler à ses fureurs orientales.

LECOCQ (*à part*).

Jacasse bien, va, jacasse! Bientôt je te montrerai
aussi ce que je sais faire! (*Il sort.*)

SCÈNE VI.

BACHELARD, REMI, ALINE.

BACHELARD.

Prenez garde, monsieur Remi! Lecocq est vexé.

ALINE.

Il médite contre vous quelque méchanceté.

REMI.

Ce n'est guère cela qui m'occupe. Me pardonnerez-
vous, mademoiselle, d'avoir si brutalement interrompu
votre lecture?

ALINE.

Puis-je vous en vouloir? Se fâche-t-on avec le rire
aux lèvres?

REMI.

Vous êtes trop bonne !

BACHELARD.

Oui, c'est assez plaisant ! Un Champenois qui en ridiculise un autre, c'est, comme vous dites à Reims, la pelle qui se moque.....

REMI (*l'interrompant*).

Des pincettes, voulez-vous dire ?

BACHELARD.

Nous ne vous refusons pas, monsieur Remi, un esprit fort enjoué, mais nous vous avouons que cette bouffonnerie n'est pas encore de nature à relever dans notre estime ces Champenois que vous vantez si haut et dont vous portez le nom avec tant de superbe.

ALINE.

Quelle gravité ! Ne vas-tu pas regretter d'avoir ri autant que moi ?

REMI.

Que diable ! la gaîté a l'univers entier pour patrie, et l'on s'amuse en Champagne comme partout ailleurs. Où est le mal ?

BACHELARD (*qui n'écoute plus et semble préoccupé*).

Tu ne sais pas où est ta mère, Aline ?

ALINE.

Non, mon père. Si tu le veux, je vais voir.....

BACHELARD (*à part*).

C'est singulier, toutes les idées qui s'entrechoquent dans ma tête ! (*Haut.*) Quel livre tiens-tu là ?

ALINE.

L'Origine des Proverbes.

BACHELARD.

L'auteur ?

ALINE.

Un Champenois, mon père.

REMI.

C'est impossible, n'est-ce pas, monsieur Bachelard?

BACHELARD.

Pauvre Champagne! tristes Champenois! C'est à ne pas y croire! Depuis quelques années, ils s'ingénient à faire oublier leur passé et affichent des prétentions pour l'avenir. Ils écrivent, ils se font imprimer, ils politiquent même. Ils demandent des voies de fer : qu'en feraient-ils? bon Dieu! Des canaux? comme s'ils n'avaient déjà pas trop de cours d'eau pour recevoir les cadavres des inhabiles, des impuissants et des pusillanimes! Quoi qu'ils tentent, *quatre-vingt-dix-neuf moutons et un Champenois feront toujours cent…..*

ALINE.

Vous êtes bien méchant aujourd'hui !

BACHELARD.

Le proverbe n'est pas de moi. D'ailleurs, ton livre doit te renseigner,… à moins que l'auteur n'ait fait la part plus large aux autres, pour ne point y mettre ce qui le concerne.

ALINE.

C'est cela, soyez injuste maintenant !

BACHELARD.

Ne vas-tu pas passer dans le camp des ennemis? (*A part.*) Où peut être allée madame Bachelard?

REMI.

En quoi vous est hostile l'homme qui se défend contre un parti pris?

ALINE.

Les ennemis dont tu parles, mon père, doivent naturellement être de mes amis, puisqu'ils sont mes compatriotes. As-tu oublié que c'est dans cette maison même que j'ai reçu le jour?

BACHELARD.

Ma foi ! tant pis pour toi !

REMI.

Permettez que je vous arrête. Je ne vois pas le mobile qui vous fait porter tant d'accusations contre ceux chez qui vous avez trouvé l'hospitalité, le crédit, la fortune. Vous les appelez..... moutons : vous ne voudriez pas laisser croire que c'est parce que vous les avez tondus. Chacun vous sait loyal, probe ; on admire votre opiniâtreté, votre désir, digne d'un bon père, de préparer un riant avenir à votre enfant. Ne devez-vous pas autre chose que du dédain à ces Rémois qui vous ont accueilli comme un frère ?

AIR : *Pour quel talent, pour quel mérite* (Gamin de Paris).

Assez longtemps des plumes déloyales
Dans un seul peuple ont créé cent pays,
Couvrant ceux-ci de louanges banales,
Et flagellant ceux-là de leur mépris.
Entre Français point de mésalliance !
Nous avons tous part égale en succès.
Pour moi, je dis : La gloire, c'est la France !
L'esprit, l'honneur, ce sont tous les Français !

BACHELARD.

Tout ceci est fort ingénieux, mais ne prouve pas grand' chose. Vois donc, Aline, si l'auteur qui t'occupe partage l'opinion de monsieur Remi ?

REMI.

A quoi bon ?

BACHELARD.

Ah ! vous reculez..... Est-ce que, par extraordinaire, l'historien n'aurait pas ménagé l'épiderme de ses compatriotes ? Je ne le crois guère. Les moutons ne sont pas plus féroces que les loups, et on prétend que ceux-ci ne se mangent pas.

REMI (*montrant le livre*).

Je sais qu'ici est la vérité, mais je n'ai besoin d'aucun appui pour vous ramener à l'évidence.

BACHELARD.

Décidément, vous prétendez valoir mieux qu'autrefois.

REMI.

Je prétends que la Champagne a sa place marquée dans l'histoire ; je prétends que son passé est glorieux ; j'espère que son avenir ne le sera pas moins. Quant aux proverbes en général , j'en appelle à votre bonne foi :

AIR : *Quoi ! l'échafaud* (Pascal et Chambord).

Tous ces propos , qu'on cite sans raison ,
Sont-ils marqués au coin de la sagesse ?
Ne sont-ils pas plutôt hors de saison,
Puisque les goûts , les mœurs changent sans cesse ?
Tel mot vous vante et vous blesse à la fois ;
La vieille injure aujourd'hui vous honore.
Pour nous , moutons , nous savons qu'autrefois
Un trait d'esprit valut aux Champenois
    Le surnom qu'on leur donne encore.

BACHELARD.

Un trait d'esprit ? c'est trop fort !

ALINE (*lui donnant le livre ouvert*).

Lis : c'est de l'histoire.

BACHELARD.

Je veux bien admettre , en faveur des habitants de la ville , quelques exceptions : témoin monsieur Remi , qui défend sa cause avec un talent rare.

ALINE.

C'est que le bon droit est de son côté.

BACHELARD.

Voilà mademoiselle qui s'insurge totalement contre son père !

REMI.

Mademoiselle Aline a répondu à vos tendres soins par une constante application à l'étude. Elle sait et elle vous dira, avec le plus grand poète de notre époque, que « le mot *Bête*, quand on l'applique à la Champagne, » change de signification ; qu'il signifie simplement » primitif, rude et redoutable. La Bête peut bien être » AIGLE ou LION. » Venez donc jeter sur cette province le gravois de vos moqueries ou les pierres de vos insultes : elle fera surgir à vos regards les ombres de ses comtes, dont l'un fut le chef de cette croisade dans laquelle un autre Champenois s'empara de Constantinople. Si vous doutez encore de ses vertus guerrières, elle vous montrera Jean de Brienne sur le trône de Solyme et de Byzance ; elle vous rappellera ses luttes opiniâtres contre les envahissements de la féodalité ; elle ranimera les courageux combattants de Châlons, d'Arcis, de Reims, de Sézanne et de Montmirail, qui auraient sauvé l'empire, s'il n'eût fallu que des triomphes pour l'arracher à sa perte. Si vous refusez l'esprit à ses enfants, la Champagne déroulera sous vos yeux une liste qui commence à l'époque la plus reculée pour ne s'arrêter qu'à nos jours, et sur laquelle rayonnent les noms d'une infinité d'artistes, de savants et de célébrités en tous genres : des papes et des cardinaux, des peintres, des graveurs et des sculpteurs, des poètes et des historiens, des législateurs, des comédiens.....

BACHELARD.

Comme vous y allez ! Mais pour quelle somme Reims entre-t-il dans ce prodigieux total ?

ALINE.

AIR de *la Vieille.*

A mon tour, ici je t'arrête,
Car tu ne cesses d'avoir tort,

Et je saurai te tenir tête,
Dusses-tu crier bien plus fort.
Chez les Rémois tu trouveras, mon père,
Un grand ministre, un grand foudre de guerre :
Drouet, Colbert, ces noms si glorieux
Rayonneront toujours sur eux !

BACHELARD.

Enfin, je vous prends dans vos propres filets, messieurs les admirateurs des grands hommes. Vous êtes fiers des rares génies qui ont illustré votre pays, vous? A d'autres! Vous ne rougissez pas de mettre en avant le nom de l'habile ministre?

AIR de *la Colonne*.

Colbert!... pourquoi rappeler cette gloire ?
Rémois ingrats, qu'avez-vous fait pour lui ?
Lorsque partout on chérit sa mémoire,
Son pays, seul, le condamne à l'oubli !
Pour élever à son ombre abattue
Un monument digne des vrais Français,
De beaux statuts ont été faits,
Mais je cherche en vain sa statue !

Parez un peu celle-là ! Ah! vous vous liguerez contre moi ! Il ne manquait que madame Bachelard. (*A Aline.*) Tu ne devines pas où est ta mère?

ALINE.

Y a-t-il là de quoi t'inquiéter?

BACHELARD.

Je l'ai vainement cherchée dans toute la maison. Je voulais lui parler... de... de monsieur Léon. J'ai appelé Julie, pour savoir... Elle était aussi disparue !

ALINE.

C'est qu'elles sont sorties. Le grand malheur !

BACHELARD.

Fichtre! Toute la maison est donc dehors? Jouerait-on ici une comédie dont je serais le père..... comique?

REMI.

On vous expliquera tout.

BACHELARD.

Qui?

REMI.

Moi.

BACHELARD.

Bah!

REMI.

Je vous le promets,... quand vous serez plus calme.

BACHELARD (*à part*).

Ce Remi a des intelligences avec quelque table qui tourne à la maison ,..... peut-être avec Philippine.

REMI (*à part*).

Du diable si je sais comment je me tirerai de là!

BACHELARD.

Si vous dissipez mes inquiétudes, je vous proclame partout... l'exception à la règle générale.

REMI.

Encore!

ALINE.

Tu te rendras. En attendant, je ne suis pas fâchée de te voir te départir de la rigueur de ton opinion. Je devrai à monsieur Remi, dont l'esprit..... Monsieur écrit, j'en suis certaine; peut-être est-il de l'Académie de Reims; pour sûr, il y pourra entrer quelque jour.

REMI.

Mademoiselle!

BACHELARD.

Voyez-vous? comme elle y va! Grande vitesse!

ALINE.

AIR : *Ah ! vous avez des droits superbes* (Nouveau Seigneur).

> Votre verve, quoique badine,
> Dénote des talents réels,
> Et vous feriez fort bonne mine
> Parmi nos quarante Immortels.

BACHELARD.

> Ne sais-tu pas, ma chère amie,
> Qu'une fois maître d'un fauteuil,
> Quand l'homme entre à l'Académie,
> Son esprit reste sur le seuil ?

ALINE.

Mon père, vous êtes d'une dureté.....

BACHELARD.

Eh ! ma chère, tes poètes ont dû te le dire, nous vivons dans le siècle de fer : je suis de fer !

REMI (*à part*).

Et à refaire !

BACHELARD.

Madame Bachelard est bien rentrée maintenant. Ne viens-tu pas, Aline ? A bientôt, monsieur l'académicien ! (*Aline et M. Bachelard se retirent.*)

SCÈNE VII.

REMI, seul.

Au revoir, monsieur Têtu ! — Puis-je bien plaisanter de la sorte, au moment où les projets que j'avais formés, pour arracher au déshonneur la mère de celle que j'aime, se disloquent et s'éparpillent à vau-l'eau ! Elle est maintenant auprès de ce Léon ! Et je n'ai pu, hier, au théâtre, lorsque j'entendis demander ce rendez-vous, punir l'audacieux qui n'hésite pas à semer la honte là où il a recueilli une franche et loyale amitié ! La foule, toujours avide de scandales, nous entourait... Ils étaient là aussi, l'époux et la fille, l'un confiant, et l'autre, un ange de candeur..... Oh ! s'il en était temps encore, je donnerais mon sang pour épargner à cette famille, si aimante et si heureuse jusqu'à ce jour, l'ignominie qui va la frapper ! Conseillez-moi, mon Dieu !

Il reste quelques moments plongé dans ses réflexions ; il en est tiré par la présence de Léon, qui entre par la droite.

SCÈNE VIII.

REMI, LÉON.

Ce dernier a le même âge que Remi. Son costume est la copie d'une des plus nouvelles gravures de mode.

REMI (*à part*).

Léon ici ! N'aurait-il pas vu madame Bachelard ? J'ai peut-être mal entendu.....

LÉON.

Ce cher Remi ! Voilà le premier visage ami que je rencontre dans la maison.

REMI.

Qui a pu te témoigner de la mauvaise humeur ?

LÉON.

Je veux dire que je suis arrivé jusque dans ce salon sans même trouver quelqu'un pour m'annoncer.

REMI.

Ces beaux génies, ça parle autrement que tout le monde, et ça s'habille comme personne !

LÉON.

Que veux-tu ? C'est le moyen de se faire chérir.

Air : *Un jour , un jour , je vous le dis.*

Suis les conseils de ton ami :
Pour charmer un sexe adorable ,
Sois, comme moi, fashionable ,
Et fais-toi coiffer chez Joly.
D'Amann la chaussure coquette
Plait aussi.

REMI (*à part*).

Ces estropiés
Ont l'esprit par-dessus la tête,
Et le cœur par-dessous les pieds !

Oui, Léon ne connaît pas d'obstacles ! Dans les soirées puritaines de l'aristocratie rémoise comme sous les bosquets propices de Besnard, on ressent les effets de cette gracieuse désinvolture, de ce je ne sais quoi tentateur qui s'émane des pans d'une impériale, d'un pantalon...

LÉON (*l'interrompant*).

Admire cette coupe ! Cela vient directement de Paris. Vos tailleurs n'y entendent rien !

REMI.

C'est merveilleux !

LÉON (*avec fatuité*).

Joins à ce costume une noble audace, un peu d'esprit : alors.....

REMI (*chantant*).

Il faut se rendre à tes lois !
Et comment s'en défendre ?

LÉON.

D'ailleurs, si l'esprit me fait un instant défaut, le nectar du crû en ravive bientôt les sources.

REMI (*à part*).

Oni, l'esprit de vin ! Monsieur Bachelard n'a pas songé non plus à celui-là.

LÉON.

Heureuse Champagne, si l'on t'a longtemps méconnue, aujourd'hui, d'un bout à l'autre de l'Univers, on proclame ta puissance !

AIR : *On dit que je suis sans malice.*

Car c'est à toi que l'Amérique,
L'Europe, l'Asie et l'Afrique,
Viennent demander de l'esprit.
Où trouver semblables merveilles ?
Tu leur en livres en bouteilles,
Et, sans s'altérer, ton débit,
Chaque jour augmente et grandit ;
Oui, grâce à ton brillant débit,
Chacun peut avoir de l'esprit !

REMI.

Franchement, Léon, tu m'étonnes. Le vin, les femmes suffisent-ils pour te rendre parfaitement heureux ? Cette oisiveté à laquelle, si jeune encore, tu te condamnes, est-elle si pleine de charmes, qu'elle ne laisse point un seul reproche arriver jusqu'à ta conscience ?

LÉON.

Au contraire, ma conscience est fort satisfaite.

REMI.

Mais pour mener longtemps une telle existence, il faudrait une fortune inépuisable. Celle que t'a laissée ton père, vénérable bonnetier dont tu rougirais de suivre les traces, ne peut tarder à être engloutie.

LÉON.

Ignorant ! Crédit n'est mort que pour les poètes, les barbouilleurs de toile et autres bipèdes de même encolure. Et puis, on a des amis !

REMI.

Eh quoi ! tu préférerais un parasitisme inavouable à

une modeste position acquise par un travail honorable?
(*A part.*) Oh! madame Bachelard, sur qui avez-vous
reposé vos affections !

LÉON.

N'as-tu pas bientôt fini ce cours de morale surannée ?

REMI.

Oh! jeunes gens de nos jours, que vous serez laids
à quarante ans! Vous aurez tout gaspillé, tout flétri,
tout déshonoré : l'amitié, l'amour, la vertu. Les richesses, s'il vous en reste encore, vous rendront-elles
les douces sensations de l'adolescence, les joies d'un
premier amour, les suavités de l'âme qui fait le bien?
Non! Accablés par l'ennui, à charge aux autres, vous
n'aurez pas même les consolations du souvenir !

AIR : *Vaudeville de l'Avare.*

Cet or, que vous vantez sans cesse,
Ne sert qu'à vous glacer le cœur;
Et l'ennui, plus que la détresse,
Etouffe toute noble ardeur!
Insensés, ah ! daignez m'en croire :
Loin de dissiper, d'abuser,
Tâchez toujours de conserver
La soif pour la dernière poire !

LÉON.

C'est-à-dire, gardez vos noix pour le jour où vous
n'aurez plus de dents. Ton système est joli !

REMI.

Léon, j'en appelle à ta dignité : ne me mets pas au
niveau des gens qui te contemplent, et qui ne te vien-
draient nullement en aide dans le besoin! Moi, je te
plains, et je veux t'écarter de la fausse voie où tu t'en-
gages. Allons! un bon mouvement !

AIR : *Un homme pour faire un tableau.*

A ton âge, comment, mon cher,
Peux-tu rester à ne rien faire,
Que boire, manger, prendre l'air ?

LÉON.

Entre nous, pour te satisfaire,
Grâce à la femme d'un ami,
J'obtiens une place assurée.

REMI.

Je comprends..... Mais, par le mari,
Crains de voir la place barrée !

LÉON.

Le mari ne m'effraie guère !

REMI.

Mais son honneur? celui de sa famille?

LÉON.

Est-ce que cela me regarde? Puis-je empêcher que
l'on m'aime ?

REMI (*à part*).

Décidément, il n'y a pas de cœur dans ce beau man-
nequin ! Il mérite bien la punition que je réserve à sa
fatuité. (*Haut.*) Sais-tu bien que cette passion anti-
matrimoniale me surprend étrangement, d'autant plus
que j'avais cru reconnaître que l'on te voyait ici avec
un tout autre sentiment que l'indifférence ?

LÉON (*balbutiant*).

De qui veux-tu parler?

REMI.

Ce n'est pas de madame Bachelard, assurément, car
mal avisé serait celui-là qui donnerait ombrage à son
mari ! Tudieu ! il serait écharpé en deux secondes !

LÉON.

Il n'est pas probable que mademoiselle Aline.....

REMI.

Tu n'as donc pas remarqué que de son piano s'exhalent les airs que tu fredonnes de préférence ?

LÉON.

Je ne puis croire à tant de bonheur.

REMI.

Il serait facile de trouver d'autres preuves non équivoques.....

LÉON.

Mon ami, tu m'ouvres les yeux ! Je croyais aimer madame.....

REMI.

Je ne te demande pas son nom. (*A part.*) Le misérable ne lui épargnerait aucun opprobre !

LÉON.

Mais je sens aux battements de mon cœur que j'adore mademoiselle Aline. Que ne puis-je lui dire combien elle m'est chère !

REMI.

Rien de plus simple : dans une heure, tout au plus, elle sera là à son piano, comme d'habitude. Sais-tu qu'elle est extrêmement jolie ? Sa dot ne manque pas de charmes, surtout pour un homme qui n'a plus le sou.

LÉON.

Oh ! mon ami, mon généreux ami, si la réussite couronne mes vœux, ma reconnaissance.....

REMI.

Nous en parlerons plus tard, (*avec emphase*) quand tu seras le plus heureux des époux !

LÉON.

L'espoir... la joie... Mon cœur nage dans la félicité... Ainsi, tu crois que dans une heure.....

REMI (*mystérieusement*).

Oui. ici, dans heure ! (*Léon sort.*)

SCÈNE IX.

REMI, seul.

Va dorer tes ailes, papillon sans cervelle ! Mais elles grésilleront sous ma torche ardente avant que tu n'aies captivé la fleur qui enchante mon âme et mes yeux ! A l'œuvre, Remi ! Ton projet est infaillible ! Oui, si Aline me vient en aide, je sauve l'honneur de sa mère, je rends la tranquillité à son père, je corrige un impertinent, et j'obtiens peut-être la main..... Tais-toi, cœur égoïste, et ne songe qu'au bonheur des autres !

SCÈNE X.

REMI, ALINE.

ALINE.

Je ne vous savais pas encore ici, monsieur Remi... Pardonnez.....

REMI.

Restez, je vous en prie, mademoiselle. J'ai à vous parler...

ALINE.

De la Champagne ?

REMI.

Non ! D'une personne qui vous est dévouée.

ALINE (à part).

Que veut-il dire ? Sa parole me cause une émotion...

REMI.

Vous ne m'avez pas entendu ? Un jeune homme, que vous connaissez, et qui mettrait tout son bonheur à vous plaire.....

ALINE.

Monsieur, je ne comprends pas.

REMI.

Tenez, mademoiselle , j'aborde franchement mon sujet. Léon n'a pu vous voir sans vous aimer.

ALINE (*à part*).

Oh! mon beau rêve! Et c'est celui que j'aimais qui vient froidement détruire , au nom d'un autre, les douces pensées dont s'enivrait mon âme!

REMI.

Il attend de votre bonté un mot qui comble ses vœux.

ALINE.

Monsieur , si tout ceci n'est qu'une plaisanterie , qui vous a autorisé à m'y donner un pareil rôle? Si vous me parlez sérieusement , comment avez-vous pu vous charger d'un aveu qui m'offense?

REMI.

Mademoiselle , bien qu'il m'en coûte de voir retomber sur moi votre courroux , je vous prie, je vous supplie d'accorder à Léon un moment d'entretien.

ALINE.

Mais c'est de l'extravagance! Et moi , qui croyais trouver en vous un dévouement sans borne! Quelle déception! Tenez pour certain , monsieur , que, de ma vie, je ne vous pardonnerai une conduite aussi déloyale.

REMI.

Rétractez, je vous en conjure, cet arrêt qui me transperce le cœur!

ALINE.

Je ne vous crois guère! Que peut vous faire le courroux d'une femme que vous n'avez pas craint d'offenser en lui proposant de forfaire à l'honneur? (*Pleurant.*) Ai-je mérité une telle injure? ô mon Dieu!

REMI.

Il faut que je vous ouvre mon cœur, et vous recon-

naîtrez que, loin de vous mépriser, il vous honore et
a pour vous un attachement aussi pur que profond.

ALINE.

Comment expliquer.....? Il y a donc en vous deux
hommes tout différens?

REMI.

Daignez me laisser continuer! Vous étiez bien jeune
lorsque votre père m'accueillit dans sa maison, et vous
ne vous êtes probablement pas informée, depuis, de ce
que j'étais et d'où je venais. Je suis l'unique enfant de
parents bien pauvres. Je n'ai pas connu mon père, qui
fut broyé par une affreuse machine quelques jours avant
que je vinsse au monde. Il ne me restait donc que ma
mère, qui, pour m'élever, travaillait tout le jour et
passait bien des nuits. Aussi, comme je l'aimais! Pour
lui plaire, j'étudiais encore près d'elle, lorsque j'étais
sorti de l'école où des hommes dévoués m'instruisaient
gratuitement; je lui lisais ces beaux livres qu'ils me
prêtaient afin de développer une intelligence qui leur
semblait propre à de plus hautes conceptions que celle
des autres fils d'ouvriers qui réclamaient leurs soins.
Enfin, à quatorze ans, la sollicitude de mes généreux
précepteurs me valut d'entrer chez monsieur Bachelard.
Vous savez le reste.

ALINE.

Oui, je sais que mon père, qui prise fort votre mérite, vous a non-seulement accordé la première place
dans ses bureaux, mais encore toute sa confiance, et
même son amitié.

REMI.

Ce que vous ignorez, c'est que vous fûtes toujours
pour moi l'objet d'un culte réel : jeune fille, que j'étais
heureux de vous voir, le jeudi, courir, avec vos cama-
rades de pension, dans ce jardin dont les buissons de

roses excitaient ma jalousie, car ils vous dérobaient trop souvent à mes regards. Plus tard, je vous suivis à l'église où l'on chantait les louanges de l'innocence : comme la fiancée du Seigneur, vous aviez la robe blanche et le voile blanc, le front couronné de roses. Que vous étiez belle ainsi ! On se serait agenouillé devant vous ! Mais il y avait trop longtemps que la fortune me souriait : ma mère mourut au moment où, grâce aux bontés de votre père, je pouvais embellir ses vieux jours.

ALINE *(attendrie)*.

Tenez, vous êtes un noble cœur ! Et, pourtant, je voudrais vous haïr.

REMI.

AIR : *J'ignore son nom, sa naissance* (Si j'étais roi).

I.

Ce faux semblant de gaîté folle,
Cet air narquois, jovial ou frondeur ;
Tout, dans mon geste et ma parole,
Pour vous aussi, ressemblait au bonheur.
Faut-il le dire ?
Plus d'un bon mot,
Plus d'un sourire
Cache un sanglot !
Fou qui va conter sa souffrance
A ce monde injuste et cruel !
Avec ma mère, l'espérance,
Hélas ! est remontée au ciel !

II.

Seul, abandonné sur la terre,
Sans vous, souvent j'eusse évoqué la mort !
Près de vous, j'invoquai ma mère :
Elle applaudit à mon chaste transport.
Qu'un seul sourire,
Perle en vos yeux,

> Vienne me dire :
> Vivez heureux !
> Oubliant alors ma souffrance
> Et ce monde injuste et cruel ,
> En vous j'aimerai l'espérance ,
> L'ange béni de ma mère et du ciel !

Oui, mademoiselle , je vous aime , et, s'il fallait donner mon sang.....

ALINE.

AIR de *la Normandie.*

> Je crois à cet aveu sincère ,
> Mais ici dois-je l'écouter ?
> Ce n'est pas moi que , la première ,
> Vous deviez , monsieur, consulter.
> C'est trop montrer de confiance ,
> Car une femme, en pareil cas,
> Ne répond pas ce qu'elle pense ,
> (*Bas.*) Et pense ce qu'elle ne répond pas.

REMI.

Ainsi , vous m'autorisez à dévoiler à vos parents le secret de mon cœur?

ALINE.

Auparavant, donnez-moi le mot de votre conduite à mon égard. Vous dites que vous m'aimez , et vous me conseillez d'en écouter un autre !

REMI.

Oh ! cette fois seulement.

ALINE.

Dans quel but ?

REMI.

Je ne puis vous le dire maintenant, mais comptez sur la loyauté de mes intentions !

ALINE.

Ordonnez : j'obéis.

REMI.

Pourrais-je jamais vous remercier assez ? Il est donc entendu que vous trouverez, s'il le faut, un prétexte pour revenir seule dans ce salon. Léon ne tardera pas à vous y rejoindre. Vous écouterez ses doux propos, vous le laisserez tomber à vos genoux.....

ALINE.

C'est trop exiger.....

REMI (l'interrompant).

Il y va de votre bonheur et du mien ; de plus, j'ai votre promesse.

ALINE.

Soit ! je me résigne.

REMI.

De la discrétion !

ALINE.

Je jure d'être muette.

REMI.

Très-bien ! J'entends madame votre mère : veuillez nous laisser quelques instants, pour revenir ensuite à votre poste, et comptez que je vous tirerai d'embarras le plus tôt possible !

SCÈNE XI.

REMI, PHILIPPINE.

PHILIPPINE.

Monsieur Remi, vous n'avez pas vu monsieur Léon ?

REMI.

Il était ici tout-à-l'heure. Dois-je croire, madame, que vous ayez réellement le désir de le rencontrer ?

PHILIPPINE.

Pourquoi cette demande ? Monsieur Léon est un ami de la maison. Mon mari l'estime beaucoup.

REMI.

Je sais , qu'à cet égard , votre époux ne voit que par vos yeux , ne juge que d'après votre opinion.

PHILIPPINE.

Cette épigramme à l'adresse de monsieur Bachelard...

REMI.

Excusez ma franchise : je n'en veux qu'à vous seule.

PHILIPPINE.

Quoi ! j'aurai admis à mon foyer un ennemi !

REMI.

Vous reconnaîtrez bientôt tout le contraire.

PHILIPPINE.

Votre langage est, pour le moins , opposé aux sentiments que vous prétendez avoir.

REMI.

Tenez, madame, j'ai fait un vilain rêve, que j'ai, sans doute, le tort de prendre pour la réalité. Il n'appartient qu'à vous de dissiper cette funeste vision qui me tourmente.

PHILIPPINE.

Hâtez-vous , monsieur , de dégager votre pensée des nuages offensants qui la voilent. Je ne suis qu'une femme , mais je ne cède à personne le droit de m'injurier.

REMI.

Air : *Vous l'adoriez sans le connaître* (Si j'étais roi).

I.

Je vis une femme , une mère ,
Au mépris du plus doux serment ,
Sans honte , sans peur , sans colère ,
Courir au-devant d'un amant.
Mais bientôt, au fond de son âme ,
Un double cri s'est élevé :
La mère maudissait la femme.

Tout comme moi n'avez-vous pas rêvé ?
Dites-le, maintenant, madame :
Tout comme moi n'avez-vous pas rêvé ?

PHILIPPINE.

Ecoutez, à votre tour.

II.

Alors de la femme égarée
Se réveilla le noble cœur.
Peut-elle à sa fille adorée
Laisser en dot le déshonneur ?
Le remords qui brisa son âme
La ramène vers son époux,
Car la mère a sauvé la femme.
Le rêve a-t-il ainsi fini pour vous ?
Répondez...

REMI.

Bonne et noble dame,
A mon réveil, l'honneur était sauvé,
Et comme vous j'avais rêvé.
Oublierez-vous jamais des doutes aussi injustes ?

PHILIPPINE.

Je vous pardonne, monsieur Remi, car j'ai moi-
même besoin d'être pardonnée. Vous avez voulu m'é-
loigner de l'abîme où j'allais me précipiter : je vous en
serai toujours reconnaissante.

REMI.

Peut-être ne verrez-vous plus que de l'égoïsme dans
ma conduite, lorsque je vous aurai dit que j'aime votre chère enfant.

PHILIPPINE.

Je comprends : vous craigniez pour la fille la flétris-
sure que la mère..... Oh ! vous êtes un brave jeune
homme. Je vous servirai de tout mon pouvoir près de
monsieur Bachelard. Cependant, je ne voudrais point
violenter Aline.....

REMI.

Je refuserais le bonheur à de telles conditions. Mais j'ai l'espoir qu'un jour.....

PHILIPPINE.

Eh bien ! vous serez mon fils. Vous ne rougirez pas de votre belle-mère, n'est-ce pas ?

REMI.

J'aurai pour elle le respect et l'affection qu'un fils doit à sa mère.

PHILIPPINE.

Vous ne croirez pas que j'ai aimé cet homme dont le souvenir, maintenant, fait monter la rougeur à mon front ? Je me suis trop plu à son langage, qui me semblait moins prosaïque que celui de mon mari, mais je ne lui ai fait aucun aveu. Seulement, hier, à cette représentation de *la Favorite*, la musique du maître m'avait émue ; mon cœur battait violemment. Au quatrième acte, j'éprouvai une sensation indéfinissable : j'ai cru que j'allai tomber inanimée avec Léonore. Au moment où Fernand la relève ; au moment où tous deux, éperdus, chantent un hymne d'amour rempli de mélodieuses extases, monsieur Léon me pressa la main et murmura quelques mots à mon oreille. Je n'entendis que ceux-ci : Venez, oh ! venez demain ! Je balbutiai, et lorsque le rideau baissa, j'étais plus morte que vive.

REMI.

Je comprends : cette musique ardente, où Donizetti a mis toute la fougue de la passion, toutes les tendresses de l'âme, interprétée par deux artistes éminens...

PHILIPPINE.

Ce matin, je me rappelai tout, l'heure, le lieu. Je partis en tremblant. Je marchais au hasard, et je me trouvai tout-à-coup devant le portail de Notre-Dame.

Mes yeux s'arrêtèrent sur la statue de la Vierge tenant dans ses bras son divin enfant. Une pauvre femme s'approcha de moi et me demanda du pain pour sa fille. Ce dernier mot me réveilla de ma torpeur. Je pensai qu'Aline ne pourrait plus avoir pour moi que haine et mépris ; que son père ne survivrait peut-être pas à un tel outrage, et laisserait sa fille chérie seule au monde, car le déshonneur tue quelquefois plus vite que la faim. Je versai ma bourse dans les mains de la pauvresse, j'entrai prier la Vierge. J'avais revêtu une cuirasse impénétrable.

REMI.

Votre main, madame, que je la baise, comme celle de la meilleure des mères ! Est-ce qu'une alliance était possible entre vos nobles sentiments et la nullité vicieuse de Léon ? Tout-à-l'heure, vous aurez de cet homme la mesure la plus exacte. Veuillez rentrer dans votre appartement, pour n'en sortir que lorsque je vous appellerai.

SCÈNE XII.

ALINE, seule.

Elle entre en scène après avoir épié la sortie de sa mère et de Remi.

Est-il singulier, ce monsieur Remi ? Exiger que j'écoute les protestations amoureuses de son rival ! Il se croit donc bien sûr de moi-même ? C'est, au moins, d'une présomption qui mériterait une légère correction ! Ah ! si mon père venait à surprendre notre tête-à-tête ! s'il m'imposait alors pour époux ce Léon, qui ne me plaît guère, tandis que j'aime... Je dois l'aimer, puisqu'il fait de moi tout ce qu'il veut. On vient : quelle contenance tenir ? Ah ! mon piano. (*Elle se met à son piano et chante.*)

LA BOUQUETIÈRE RÉMOISE.

Achetez,
Jeunes beautés,
Mes violettes !
Ces bouquets
Frais et coquets
Pour vous sont faits.
Prenez-les !
Vit-on jamais
Vos collerettes,
Vos atours
Mieux parés que par leur velours ?

I.

Près de la haute basilique,
Une bouquetière aux yeux bleus,
Par sa voix pure et sympathique,
Attirait des chalands nombreux.
Parfois, de sa blonde paupière
Si quelques pleurs
Coulaient sur ses fleurs,
C'est qu'elle pensait à son frère
Parti bien loin..... En souriant,
Elle chantait plus vivement :
Achetez, etc.

II.

Sans richesses et sans domaine,
Pierre se battait vainement,
Dans l'espoir d'être capitaine,
A la tête d'un régiment.
Mais, brodant pour mainte héritière,
Aux beaux seigneurs
En vendant ses fleurs,
Alice amassait pour son frère,

Et, comptant ses pièces d'or,
Redisait, plus joyeuse encor :
    Achetez, etc.

III.

Elle succombait à la peine,
Lorsqu'un jour, un riche baron
Lui dit : Ton frère est capitaine !.....
Ange, veux-tu porter mon nom ?
Et, fier de sa noble pensée,
    Devant l'autel
    Béni par le ciel
Il conduisit sa fiancée,
Qui, belle d'amour, bien des fois
Lui dit de sa plus douce voix :

    Accueillez,
    Vous qui m'aimez,
    Ces violettes !
    Mes bouquets
    Les plus coquets
    Pour vous sont faits.
    Prenez-les,
    Et qu'à jamais,
    Fleurs moins discrètes,
    A votre cœur
    Elles parlent de mon bonheur !

Au milieu du deuxième couplet, Léon s'est montré à la porte et a témoigné son contentement.

SCÈNE XIII.
ALINE, LÉON.

LÉON.

Bravo ! bravo ! c'est parfait ! c'est ravissant !

ALINE.

Monsieur, c'est mal à vous d'écouter ainsi aux portes !

LÉON.

Votre voix est celle d'une sirène, et je ne suis pas Ulysse. Donc, vous m'avez attiré.

ALINE.

Je ne mérite pas un compliment aussi flatteur.

LÉON.

Il n'exprime pas encore ma pensée. Quel est l'auteur de cette romance?

ALINE.

Un compatriote a fait les paroles pour un compositeur qui s'est fait à Reims une certaine réputation et qui passe pour un pianiste fort habile. Mais celui-ci a mis au rebut le poème qu'il avait demandé et dont il avait lui-même fourni la donnée.

LÉON.

Alors, de qui est la musique que j'ai eu l'honneur d'entendre?

ALINE.

De votre humble servante. Ou plutôt, je m'essaie à compléter cette romance. Les poètes sont rares dans notre ville! et s'il ne dépendait que de moi que celui dont je vous parle ne passât pas inconnu, incompris...

LÉON (soupirant).

Ah! mademoiselle, combien d'hommes passent incompris dans ce monde!

ALINE.

Est-ce que vous vous trouvez mal? Je vais appeler.

LÉON.

Arrêtez! Il est vrai que je souffre, mais une seule personne a le pouvoir d'apaiser les douleurs que me cause ma blessure.

ALINE.

Comment? vous êtes blessé?

LÉON.

Oui, mademoiselle, blessé au cœur! Et j'en mourrai, si vous me refusez votre secours!

ALINE.

Pauvre jeune homme! parlez, que puis-je pour vous?

LÉON.

Ne m'avez-vous pas compris? (*Tombant à ses genoux.*) Je vous aime, je vous adore! Oh! ne détournez pas vos regards, que j'y lise mon arrêt!

A ce moment paraissent madame Bachelard et Remi.— Aline s'enfuit et laisse Léon, qui, tout ébaubi, ne se relève pas sur-le-champ.

SCÈNE XIV.
LÉON, PHILIPPINE, REMI.

PHILIPPINE.

Est-ce bien un ami de la maison que je trouve dans cette position? N'est-ce pas plutôt un traître qui cherche à en sacrifier l'honneur à ses cupides fantaisies?

LÉON.

Belle dame, vous le prenez bien haut! Hier, ce me semble, vous aviez l'humeur moins farouche!

REMI.

Respecte, malheureux, cette femme que tes vices éblouissants et tentatifs n'ont pu enchaîner à ton piètre char triomphal, ou sinou.....

LÉON.

Tu m'as indignement mystifié, mais tu me rendras raison...

REMI.

Oui, j'ai durement souffleté ton impertinence, et je suis prêt à me mesurer avec toi, si tu y tiens.

PHILIPPINE.

Messieurs, de grâce, suspendez un débat qui ne peut qu'être fatal à tous!

REMI.

Ne craignez rien, son courage ne lui mettra jamais dans les mains une arme bien terrible. Avant tout, je veux que sa bouche indiscrète ne puisse proférer aucun mot de nature à éveiller des soupçons.

SCÈNE XV.

LES MÊMES, LECOCQ, puis SOUFFLOT.

LECOCQ.

Monsieur Léon? monsieur Léon? Il y a quelqu'un qui vous demande.

Entre M. Soufflot. — Il a soixante ans; il bégaie. Quoique encore de mode, ses vêtements sont malpropres.

SOUFFLOT.

AIR de *Marianne.*

Monsieur Léon Boudin?

LÉON.

          De grâce,
N'affichez point ici mon nom!

SOUFFLOT.

Voici le mien : Soufflot Pancrace,
Tailleur de ma profession.

LÉON.

Qu'est-c' que ça m' fait?

SOUFFLOT (*lui montrant des reconnaissances*).

Ce fin billet
Est-il de vous reconnu, s'il vous plaît?

LÉON.

Non.

SOUFFLOT.

Celui-ci,
Cet autre aussi
Sont bien par vous paraphés, Dieu merci !

LÉON.

C'est faux !

SOUFFLOT.

Ne dressez pas la tête !
Toujours double négation
Valut une affirmation :
Aussi je vous arrête !

LÉON.

Vous m'arrêtez ? Et de quel droit, monsieur Pancrace ?

SOUFFLOT.

Du droit, monsieur Boudin, qu'a tout honnête commerçant d'appréhender au corps un gredin qui le pille, qui le dévalise ! Rien n'était assez beau pour ce filou, qui me doit tout ce qu'il a sur le dos !

REMI (à part).

Les voilà donc, ces beaux habits tout frais venus de la capitale !

SOUFFLOT.

Je suis un père de famille, mon bon monsieur, ma belle dame.

LÉON (l'interrompant).

Vous êtes un juif, et je vous..

SOUFFLOT (l'empoignant par le bras).

Et je vous tiens, et je ne vous lâche point. Deux clients comme celui-ci m'eussent réduit à la mendicité. Mais il y a des lois, un commissaire, des gendarmes. Ah ! vous ne pensiez pas que je vous relancerais jusqu'ici ! Je suis ravi que vous m'ayez fermé votre porte : je puis vous confondre maintenant devant ces braves gens que vous cherchiez peut-être à duper aussi. Voyons, de l'argent, ou je vous enlève !

PHILIPPINE (*à part*).

Comment ai-je pu, un instant, me laisser éblouir par le clinquant de cet homme ! Cependant... (*Bas, à Remi.*) N'est-il pas assez humilié ? Si l'on pouvait le retirer des griffes de son créancier.....

REMI (*prenant Léon à part*).

Vous allez essuyer une avanie en pleine rue, c'est certain. Monsieur Pancrace ameutera contre vous les passants. Jurez-moi de ne plus remettre les pieds ici : je m'entends avec vos créanciers, et vous partez pour Paris, chez M. Holstein. C'est un négociant qui me doit quelque bonne affaire, et j'ai tout espoir qu'à ma recommandation, il vous prendra dans ses bureaux.

LÉON.

Je jure, monsieur, car je n'oserai plus jamais dire : mon ami, que vous me trouverez toujours soumis à vos ordres. Je contracte encore une nouvelle dette, mais je m'acquitterai bientôt de tout ce que je vous dois. Je vais partir, madame : me pardonnerez-vous ?

SOUFFLOT.

Halte-là ! et mes sept cent quatre-vingt-treize francs quatre-vingt-quinze centimes ?

REMI.

C'est moi qui vous les paierai.

SOUFFLOT.

Brave jeune homme, va ! Au revoir, messieurs, mesdames et la compagnie ! (*Il sort.*)

LÉON.

Eh bien ! madame, me faut-il désespérer ?.....

PHILIPPINE.

Tout est oublié. Partez, et soyez heureux !

SCÈNE XVI.

Les mêmes, moins Soufflot, BACHELARD, ALINE.

BACHELARD.

Qu'est-ce que j'entends ? — Ah ! vous voilà retrouvée,
Philippine ! — Et vous renvoyez monsieur Léon ?

PHILIPPINE.

Monsieur a trouvé un emploi à Paris.

LÉON.

Mon intérêt, mon avenir m'y appellent.

BACHELARD.

Ta, ta, ta, ta ! il y a autre chose... Et vous ne dites
rien pour le retenir, vous qui, hier encore, m'en faisiez
le plus chaleureux éloge.

AIR : *Pendant trente ans, avec vaillance.*

Vraiment, vous m'étonnez, ma chère !
En ce moment, vous désirez
Précisément tout le contraire
De ce qu'hier vous demandiez.
Mesdames, je ne comprends guère
Que l'on vous compare au soleil :
Car vous tournez comme la terre,
Quand l'homme est partout le pareil.
Si vous tournez comme la terre,
C'est nous qui sommes le soleil !

LÉON.

Madame ne pourrait me faire changer de résolution,
et je pars aujourd'hui même. Recevez donc, avec mes
adieux, les sentiments de la plus franche gratitude !
(*Il s'éloigne précipitamment.*)

SCÈNE XVII.

LES MÊMES, MOINS LÉON.

BACHELARD.

Tout est ici sens dessus dessous! Que s'est-il donc passé? Lecocq, avance ici! D'où viens-tu? Julie est-elle rentrée?

LECOCQ.

Oui, monsieur, et grâce à moi, je peux m'en vanter. Attendez, je vais vous raconter ça.

BACHELARD.

Enfin, je vais peut-être savoir...

LECOCQ.

Il faut que vous sachiez... d'abord, que depuis long-temps j'aime Julie avec frénésie. Mais la malheureuse s'était engouée du cocher d'à côté, qui l'a éblouie avec son habit bleu à boutons d'or et ses longues moustaches, le chat-tigre! Bref, et pour abréger, il y a une heure, je les surprends ensemble par cette fenêtre. Sans votre premier commis, j'en aurais commis un de malheur! Enfin, grâce à votre arrivée, j'ai pu courir sur les traces de ces amants, qui s'en allaient bras dessus, bras dessous.

AIR : *J'en rougis d'avance* (La Prima Donna).

> Je suis intrépide !
> Je suis la perfide,
> Qui s'enfuit, rapide,
> Avec son tendron.
> Près d'eux je m'approche :
> Julie en sa poche
> Fourre une brioche
> Prise chez Husson.

Ils filent le long des Loges et se dirigent vers les Promenades. Dieu de Dieu ! que j'aurais tapé de bon cœur sur le dos de mon rival ! Alors il me vient une idée. Comme, depuis longtemps, ses moustaches noires me semblaient cacher quelque mauvaise couleur, j'entre chez un marchand qui me livre, pour la simple bagatelle de dix centimes, la petite glace que voilà.

BACHELARD.

Ceci ne m'intéresse pas beaucoup, et ne m'apprend pas.....

LECOCQ.

Attendez donc ! Je rejoins mes deux tourtereaux sous l'ombrage des hauts ormes. Ils faisaient tranquillement leur petite dînette. Je me campe fièrement devant eux. Ah ! que je dis à Julie, vous refusez de m'entendre pour écouter ce valet de chevaux : eh bien ! il vous trompe ! Là-dessus, l'Alsacien roule de gros yeux qui ne m'effraient guère. — Basez fotre gemin ! dit-il. — Je ne veux pas, moi. — Fous blaizantez? — (*Continuant l'air.*)

> Sans blaisanterie,
> Moi, je fous dévie
> De serrer Julie
> Ou de l'embrazer !
> Alors le sauvage
> Sur ce frais visage
> Applique, avec rage,
> Un bruyant baiser.
> Je tire ce miroir :
> Julie, enfin, peut voir,
> De son front à sa joue, un sillon noir,
> Tandis que, furieux,
> L'homme aux beaux habits bleus
> Rugit, rougit jusque dans l'blanc des yeux.

Julie part d'un immense éclat de rire. Pouvais-tu, lui dis-je, femme aveuglée, donner ton cœur à ce poil

roux ? Comme sa barbe, son amour est mauvais teint !
Laisse-toi fléchir par mon cœur champenois, c'est-à-
dire assuré contre l'incendie des passions criminelles !
Elle me prend, aussitôt, gaiement le bras ; mais je sens
en même temps sous mon nez le poing de l'Allemand,
qui voulait boxer ni plus ni moins qu'un Anglais. Sac...
perlotte ! je suis Frrrançais, moi ! et . comme tel, je
lui passe la jambe, je l'étends sur la poussière, je
mange sa brioche, j'enlève sa maîtresse, et me voilà !

REMI.

C'est ce qui s'appelle agir en noble chevalier !

LECOCQ.

Monsieur, ce mot-là me réconcilie pour jamais avec
vous.

BACHELARD.

C'est tout ?

LECOCQ.

Il me semble que l'histoire est assez intéressante
comme cela !

BACHELARD.

Elle ne m'apprend rien du tout.....

PHILIPPINE.

Quelle affaire si importante vous cause un tel souci ?
Que voudriez-vous donc que vos domestiques vous ap-
prissent ?

REMI.

Plus de dignité, monsieur Bachelard ! Du reste, le
moment est venu de tenir ma promesse. Prêtez-moi
donc votre attention ! Depuis quelque temps, j'avais
remarqué la fréquence des visites de Léon, son empres-
sement près de mademoiselle Aline.

BACHELARD.

Vous lui portez un bien grand intérêt, à cette chère
enfant ! Tenez, je dois vous dire que je ne vous crois

pas. Les hommages de Léon s'adressaient à une autre personne de la maison.

REMI.

Nous y voilà ! Vous avez cru, n'est-ce pas, que c'était pour votre femme que soupirait votre hôte assidu ? Tous ces maris sont les mêmes !

BACHELARD.

Que voulez-vous dire ?

REMI.

Que, comme tous vos semblables, vous vous faites des monstres des choses les plus simples. Le jeune homme n'était empressé près de la mère, qu'afin d'obtenir la main de la fille.

BACHELARD.

La preuve ?

REMI.

Tout-à-l'heure, nous l'avons surpris aux pieds de mademoiselle Aline.

BACHELARD.

Est-il possible, ma fille ?

ALINE.

Oui, mon père !..... Mais je n'ai pas répondu à ses protestations... Je ne l'aime pas... Je n'en veux pas pour époux !.....

PHILIPPINE.

Vous devez comprendre, à cette heure, pourquoi Léon ne pouvait plus demeurer davantage dans cette maison.

BACHELARD.

Cela ne me donne pas encore le mot de cette absence prolongée.....

PHILIPPINE.

Je le reconnais, monsieur Bachelard, j'ai cru aux démonstrations amicales de ce jeune homme ; je le supposais de haute naissance ; en un mot, je l'eusse volontiers admis dans notre famille. Monsieur Remi, lui, avait une opinion contraire. Il me communiqua ses doutes et ses appréhensions.

BACHELARD.

Pourquoi ne m'en a-t-il pas parlé aussi?

REMI.

Un père ne s'entend point à ces choses-là. Il n'est qu'une mère pour pressentir le bonheur ou l'infortune de ses enfants. Voilà pourquoi je conseillai à madame de s'informer de Léon près des personnes qui vous l'ont présenté. C'est dans ce but et sur mes instances qu'elle est sortie aujourd'hui, sans vous prévenir, afin de ne point vous causer d'inutiles tracas. Elle revenait donc avec la conviction que sa fille bien-aimée ne pouvait qu'être malheureuse avec un homme que répudient et méprisent maintenant ceux-là mêmes qui lui avaient ouvert la porte de leurs salons, lorsqu'en entrant ici... Vous savez le reste. (*A part.*) Le ciel me pardonnera ce vertueux mensonge.

BACHELARD.

Tout ce que tu as fait est bien fait, ma bonne Philippine. Mais. vous, Remi, vous êtes donc un argus dont les yeux plongent partout?

REMI.

Je suis tout simplement un débiteur qui s'efforce de s'acquitter envers son créancier. Vous m'avez fait ce que je suis, monsieur : j'ai cru ne pas pouvoir mieux vous témoigner ma reconnaissance qu'en veillant sur vos intérêts les plus chers. J'ai voulu empêcher votre bon cœur de commettre une double faute : d'abord celle de céder votre maison à un dissipateur incapable d'en soutenir la vieille renommée; ensuite, celle de livrer votre enfant à un fat qu'elle n'aime pas.

BACHELARD.

S'aviserait-elle, par hasard, d'aimer quelqu'un?

ALINE.

Mon père!.....

PHILIPPINE (*l'interrompant*).

Mon ami, nous devons beaucoup à monsieur Remi! Savez-vous qu'il a beaucoup d'esprit?

BACHELARD.

Je suis forcé de le reconnaître.

PHILIPPINE.

De plus, vous m'avez cent fois vanté son expérience et son habileté. Si, pour le récompenser de sa constante sollicitude, vous l'associiez complètement à vos intérêts.....

BACHELARD.

J'y souscris de grand cœur.

PHILIPPINE.

En lui donnant la main d'Aline.

BACHELARD.

Bah! Elle est tout de même bien capable de se prêter à cette union.

ALINE.

Mon père, puis-je ne pas accéder aux désirs de ma mère!

BACHELARD.

Voyez-vous? la rusée!

REMI.

Oh! merci, mademoiselle! A vous ma vie entière!

ALINE.

Enfin, m'expliquerez-vous pourquoi vous avez amené Léon à mes pieds?

REMI.

Plus tard, quand nous serons unis.

BACHELARD.

Aline, Remi!....... Mes enfants! Décidément, le proverbe est menteur!

LECOCQ.

A preuve : monsieur Remi, un Rémois, a supplanté son rival ; moi, Lecocq, celui de mon village, Bétheny, tout près d'ici, j'ai envoyé... coucher le mien, et nous épousons tous les deux. Voilà une journée un peu bien employée! Vivent les Champenois! Vivent les Rémois, qui ne sont pas si bêtes, comme l'atteste encore la chanson faite en leur honneur!

VAUDEVILLE FINAL.

Air : *Zéphoris est bon camarade* (Si j'étais roi).

LECOCQ.

I.

Jadis, une humble diligence
De maint Rémois étonnait l'œil ;
Pour une affaire d'importance,
On allait jusqu'à..... Cormontreuil :
Aujourd'hui, grâce à la vapeur,
Le Rémois voyage sans peur,
Et, ce qu'à bon droit on remarque,
S'il meurt ailleurs qu'en son pays,
Ce n'est point parce qu'il s'embarque
Sans emporter quelques biscuits.
Voilà pourquoi tous les Rémois
Voyagent bien plus qu'autrefois !

BACHELARD.

II.

A cette époque de lumière,
Reims fut longtemps déshérité.
Houzeau parut : la ville entière
A resplendi de sa clarté.
S'il y demeure, par hasard,
Quelque pessimiste en retard
Ou quelque louche misanthrope
Qui rêve un monde tout en noir,
Honte à cet entêté myope,
Qui persiste à ne pas y voir !
Voilà pourquoi tous les Rémois
Sont plus éclairés qu'autrefois !

REMI.

III.

Parfois, l'amant, près de sa belle,
N'ose laisser parler son cœur,
Et la plume tombe, rebelle,
D'entre les doigts de maint auteur.
Pour rendre l'homme audacieux,
Il est un philtre précieux ;
Et si l'esprit bat la campagne,
Quand il veut s'unir à l'amour,
A Reims, dans les flots du Champagne,
Tous deux renaissent chaque jour.
Voilà pourquoi tous les Rémois
Ont bien plus d'esprit qu'autrefois !

ALINE.

Air : *Dans un grenier qu'on est bien à vingt ans.*

Entre nous plus de paroles acerbes !
Que l'amitié règne en cette maison ,
Et moquons-nous toujours de ces proverbes
Que répudie une saine raison !

(*Au public.*)

Auteur, acteurs, désireux de vous plaire ,
A revenir si nous vous invitons ,
Ah ! n'allez point, par un sifflet sévère ,
Nous faire fuir ainsi que des moutons !

Reims, imprimerie de A. HUET, rue de l'Arbalète, 22.

tion de la dette de la France et sur ses divers moyens de libération par l'amortissement du capital ou par la conversion des rentes à plus bas intérêt.

Le troisième livre, ayant pour titre : *Examen de la circulation des valeurs de la richesse publique*, traite successivement des espèces métalliques; des maisons de banque; des banques publiques; des valeurs fiduciaires de crédit; de la trésorerie et des banques nationales, en Angleterre, aux États-Unis, en France; de notre système spécial de circulation de la fortune publique; de la fusion des services du Trésor et de la Banque de France; des comptoirs d'escompte; des institutions particulières de crédit.

Le quatrième livre présente l'*Examen de la Comptabilité publique*, c'est-à-dire le tableau historique des garanties d'ordre, de contrôle et de haute surveillance accordées au pays sur la recette et l'emploi de la fortune nationale.

Le *second volume* se compose du *Rapport fait au roi sur l'administration des finances, le 15 mars 1830*, ainsi que de l'*Exposé des motifs et du projet de budget de l'exercice 1851*, qui avaient été préparés avant la Révolution de 1830. Ce travail retrace l'histoire fidèle de l'organisation et de la législation financière depuis 1789 jusqu'au commencement de l'année 1830. Il a fait connaître, pour la première fois, dans toute son étendue, la carrière parcourue pendant près d'un demi-siècle de conjonctures difficiles, par les nombreux administrateurs qui se sont succédé à la direction de ce grand service; il a dissipé des préventions injustes sur le maniement et sur la situation des finances de l'État, et il a puissamment contribué, pour l'avenir, à perfectionner l'éducation des législateurs et des hommes d'État appelés à surveiller ou à gérer, avec plus ou moins de succès, la fortune de la France.

Le *troisième volume* contient les *documents justificatifs* produits à l'appui de l'ouvrage entier pour en expliquer et en démontrer les diverses parties par des développements instructifs et par des preuves irrécusables. Il se compose : 1° d'un *Essai sur l'organisation des finances*, qui décrit, à toutes les époques, les rouages divers de ce grand mécanisme administratif, en indiquant les améliorations réalisées et celles qui pourraient encore être obtenues ; 2° d'une *Situation des finances en 1816*, constatant l'état au vrai du Trésor et des revenus publics, après la double invasion étrangère de 1814 et de 1815 ; 3° d'un *Rapport sur les déclarations publiques de la Cour des comptes*, qui motive l'institution d'un contrôle judiciaire et indépendant de tous les services de l'État; 4° d'un *Exposé du système et des résultats de l'amortissement* depuis sa création en 1816, jusqu'à sa suspension en 1848 ; 5° d'un *Exposé de l'administration de la Caisse des dépôts et consignations* depuis la loi du 28 avril 1816 jusqu'à l'époque actuelle; 6° d'une *Notice sur les services spéciaux placés en dehors du budget de l'État*, faisant connaître ceux qui y ont été rattachés,

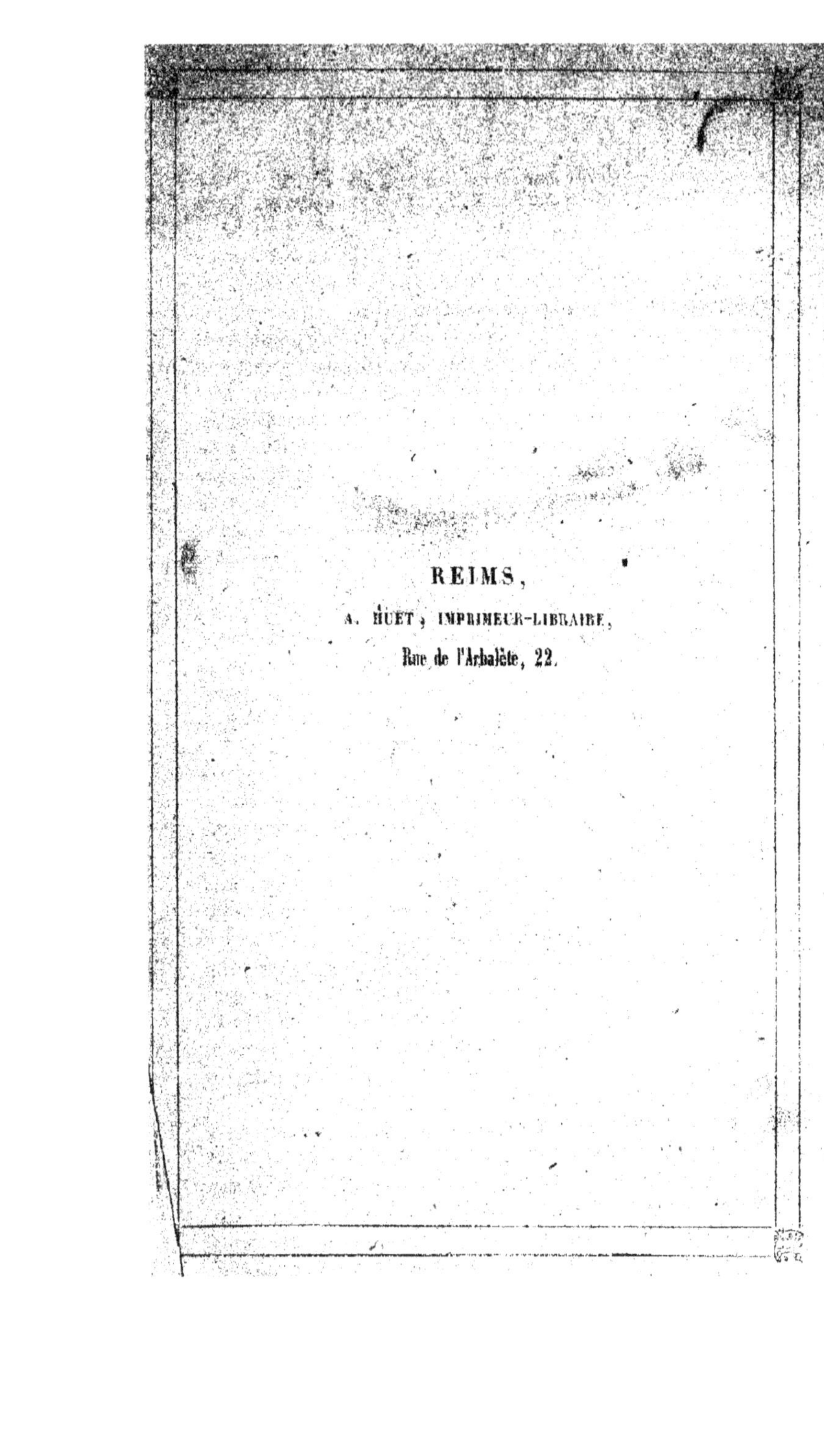
REIMS,

A. HUET, IMPRIMEUR-LIBRAIRE,

Rue de l'Arbalète, 22.